ACCESO GRATIS a la Lectura en la Nube

Para visualizar el libro electrónico en la nube de lectura envíe junto a su nombre y apellidos una fotografía del código de barras situado en la contraportada del libro y otra del ticket de compra a la dirección:

ebooktirant@tirant.com

En un máximo de 72 horas laborales le enviaremos el código de acceso con sus instrucciones.

PRÁCTICAS DESLEALES DE COMERCIO INTERNACIONAL

PRÁCTICAS DESLEALES DE COMERCIO INTERNACIONAL

Rafael García Moreno

tirant lo blanch
Ciudad de México, 2024

En caso de erratas y actualizaciones, la Editorial Tirant lo Blanch publicará la pertinente corrección en la página web www.tirant.com.

Este libro es resultado del proyecto de investigación autorizado por la Secretaría de Investigación y Posgrado del Instituto Politécnico Nacional: SIP 20240865

EDITA: TIRANT LO BLANCH
C/ Artes Gráficas, 14 - 46010 - Valencia
TELFS.: 96/361 00 48 - 50
FAX: 96/369 41 51
Email: tlb@tirant.com
www.tirant.com
Librería virtual: www.tirant.es
ISBN:978-84-1095-180-8

Si tiene alguna queja o sugerencia, envíenos un mail a: *atencioncliente@tirant.com*. En caso de no ser atendida su sugerencia, por favor, lea en *www.tirant.net/index.php/empresa/politicas-de-empresa* nuestro procedimiento de quejas.

Responsabilidad Social Corporativa: http://www.tirant.net/Docs/RSCTirant.pdf

Índice

Rafael García Moreno

Doctor en Economía por el Instituto de Investigaciones Económicas de la UNAM.

Profesor-investigador de la Sección de Estudios de Posgrado e Investigación de la Escuela Superior de Comercio y Administración, Unidad Santo Tomás, del Instituto Politécnico Nacional. Investigador Nacional Nivel 1del SNII del Conahcyt.

Ha publicado artículos, libros y capítulos libros en revistas de investigación y divulgación científica. Asimismo, ha participado como ponente en congresos y cursos nacionales e internacionales.

Resumen

Entre los temas que integran el estudio de la economía internacional, el relativo a las prácticas desleales de comercio internacional constituye un apartado especial, que se caracteriza por el uso de metodologías técnicamente complejas, asimismo, su naturaleza resulta controvertida. Las prácticas comerciales objeto de estudio requieren de un análisis técnico conjunto e interdisciplinario que, por lo menos, incluye a la Economía y al Derecho. De acuerdo con la normatividad nacional e internacional, existen dos modalidades de prácticas desleales, el *Dumping* y las Subvenciones; sin embargo, desde el punto de vista económico, ambas prácticas pueden ser consideradas como benéficas para el consumidor, pues promueven el ingreso de productos a precios bajos a los mercados de los países importadores.

El objetivo de esta investigación es elaborar una explicación económica que permita comprender cuáles son las circunstancias excepcionales que validan la aplicación del Derecho, a través de la legislación nacional e internacional, restringiendo este tipo de prácticas económicas.

Introducción

En México, el estudio de las prácticas desleales de comercio internacional ha sido materia de análisis por parte de los juristas, la literatura disponible ha sido escrita por especialistas en Derecho internacional y comercio exterior, siempre desde el punto de vista jurídico, a pesar de que la valoración de este tipo de prácticas requiere de un análisis económico que hace uso de metodologías técnicas especializadas.

En virtud de lo anterior, el objetivo fundamental de este trabajo es elaborar una explicación con sustento económico sobre la naturaleza de las prácticas comerciales internacionales, pues finalmente, se trata de estrategias empresariales válidas que aplican las empresas para maximizar sus utilidades; solo en casos excepcionales, que se cumplen las disposiciones jurídicas establecidas para tal efecto, se configuran como prácticas desleales de comercio internacional y pueden ser acreedoras a la aplicación de cuotas compensatorias.

El estudio considera teorías de comercio internacional, después de revisar los primeros antecedentes se analizan las teorías clásica y neoclásica, el examen teórico se completa con teorías más recientes que suponen mercados con condiciones de competencia imperfecta, algunas de corte heterodoxo, como la teoría de la renta y la escuela Neoestructuralista o Cepalina.

En específico, el análisis económico incorpora teorías que consideran mercados con condiciones de competencia imperfecta, como la competencia monopolística y los modelos de *dumping* y subvención. Es importante señalar que, a diferencia de la teoría microeconómica de mercados competitivos que asume bienes homogéneos, en los mercados de competencia imperfecta concurren productos diferenciados, esta condición resulta fundamental en el análisis

Por lo que se refiere a la parte jurídica, se explicarán los elementos fácticos que la legislación, nacional e internacional, prevén necesarios para que el ingreso de importaciones sea considerado como desleal, en cualquiera de sus dos modalidades, importaciones objeto de dumping o de subvención.

La determinación sobre la existencia de prácticas desleales de comercio internacional se analiza en procedimientos administrativos y, solo cuando se cumplen las disposiciones que están expresamente establecidas para tal efecto, este tipo de prácticas podrán estar sujetas al pago de cuotas compensatorias; el análisis técnico conjunto entre Derecho y Economía proporciona a este tema un atractivo particular, pues de entrada, resulta controvertido, ya que la decisión de aplicar una cuota compensatoria implica, de *facto*, elegir entre la protección al consumidor y la defensa a las industrias nacionales.

Las cuotas compensatorias tienen como propósito proteger a la producción nacional de la competencia desleal, por lo que, a diferencia de un arancel, no constituyen un instrumento de la política comercial; por el contrario, se aplican solo en casos excepcionales, cuando se cumplen las disposiciones jurídicas pertinentes.

En consecuencia, se incluye un análisis particular, desde el punto de vista económico, sobre los factores que explican los casos excepcionales que determinan la imposición de cuotas compensatorias. Con objeto de evaluar de manera empírica la aplicación de las cuotas compensatorias, se emplearán dos fuentes de información, una de carácter internacional y la segunda corresponde al caso de México.

En primer término, se utiliza información publicada por la Organización Mundial de Comercio (OMC), sobre los sectores económicos que agrupan a las mercancías importadas que están sujetas al pago de cuotas compensatorias; posteriormente, se empleó información publicada por la Secretaría de

Economía sobre las cuotas compensatorias vigentes en México al 1 de noviembre de 2023.

El análisis económico sobre la magnitud de los efectos potenciales que puede originar el ingreso de las importaciones en condiciones desleales resulta de suma trascendencia porque pueden llegar al extremo de desaparecer a las industrias nacionales afectadas. En virtud de lo anterior, el trabajo concluye con una explicación particular sobre la aplicación del análisis económico a las disposiciones previstas *exprofeso* en la legislación nacional e internacional.

En específico, se incorpora una explicación acerca de las metodologías técnicas que se emplean para determinar la existencia de los elementos que constituyen la práctica desleal de comercio internacional: dumping o subvención, daño y relación causal.

Capítulo I. Teoría económica del comercio internacional

Este capítulo consta de dos partes fundamentales. La primera inicia con una mención breve acerca de los primeros filósofos que, en la antigua Grecia, escribieron sobre Economía y que, en particular, elaboraron reflexiones en torno de la importancia de los intercambios comerciales. De manera posterior, se presenta una explicación general de los primeros postulados relativos al comercio internacional, esgrimidos por Mercantilistas y Fisiócratas; concluye con los puntos centrales de las teorías clásica y neoclásica del comercio internacional que, en términos generales, suponen mercados con condiciones de competencia perfecta y bienes homogéneos.

La segunda parte se compone del análisis de los elementos sustantivos de la competencia imperfecta, en particular, de las teorías desarrolladas de manera *reciente,* durante las últimas décadas del siglo XX, por lo que podrían ser considerados como pertenecientes a una *teoría nueva* de comercio internacional y que se caracterizan por explicar la dinámica de los flujos comerciales a partir de rendimientos crecientes y economías de escala; en específico, se incorporan el Modelo de Krugman, la teoría del ciclo del productos y postulados de la teoría de la renta, entre otras teorías analizadas.

Con base en las teorías de competencia imperfecta, se desarrolla un vínculo teórico para comprender la naturaleza económica de las prácticas desleales de comercio internacional, considerándolas como parte integral de las políticas empresariales que buscan la maximización de utilidades.

I.1 TEORÍA CLÁSICA Y NEOCLÁSICA

El estudio del comercio internacional como lo conocemos, es decir, el comercio entre Naciones inició de manera paralela con la conformación propia de los Estados Nación, la que, a su vez, comenzó con el tránsito natural que llevó a las sociedades de la parte final de la Edad Media a la adopción del sistema capitalista.

Sin embargo, los intercambios comerciales datan de siglos atrás, prácticamente, desde la existencia propiamente de la humanidad; en este sentido es importante señalar que los primeros escritos en materia económica y, en particular, sobre temas comerciales se atribuyen a filósofos destacados de la antigua Grecia.

a) Primeros antecedentes

La conformación de la Economía como ciencia data del siglo XVIII, sin embargo, los filósofos de la antigua Grecia aportaron una primera aproximación racional a la ciencia social en general; en términos generales, su conocimiento económico puede circunscribirse a la existencia de un *premercado*, no porque el comercio estuviese ausente, sino más bien en el sentido de que los productos no eran uniformes, ni se comerciaban por medio de intercambios organizados, ni se analizaban por sí mismos. (Ekelund, R. 2005)

Uno de los primeros filósofos, reconocidos por el estudio de temas económicos y comerciales, es Jenofonte, discípulo de Sócrates; entre otras obras, es autor del **célebre libro** Económico, escrito en forma de diálogo.

Jenofonte reflexionó sobre la importancia de los intercambios comerciales, sobre todo, de productos agrícolas, pues reconocía que *la agricultura era la madre y la nodriza de las demás artes, pues si la agricultura florece, prosperan también las otras artes;* al respecto, señaló: *los comerciantes, en efecto, por su intensa pasión por el trigo, dondequiera que oyen que hay más, allí navegan en su busca, surcando el mar Egeo.* Además, concluye su idea señalando que *cuando necesitan dinero, no se deshacen de él a la buena de dios y en cualquier lugar en que se encuentren, sino donde oyen que el trigo tiene un valor mayor y goza de más estima, allí lo llevan y se lo entregan a sus habitantes.* (Jenofonte, 1993)

Estas ideas elementales que se escribieron aproximadamente cuatro siglos antes de Cristo fueron retomadas y elaboradas con amplitud siglos después; en particular, los Fisiócratas analizaron la relevancia de la agricultura como fuente generadora de riqueza y Adam Smith determinó la existencia de Ventajas Absolutas que explican los flujos comerciales en función de la especialización y la eficiencia.

Platón, contemporáneo de Jenofonte, también escribió sobre la relevancia de los intercambios comerciales, solo que enfocó su estudio desde el punto de vista del Estado, en particular, en su obra *República*, señaló que *en el seno del Estado mismo ¿cómo intercambiarán los ciudadanos aquello que cada uno ha fabricado? Pues con vistas a eso creamos la sociedad u fundamos un Estado. Es obvio que por medio de la venta y de la compra. De ahí, por ende, surgirá un mercado y un signo monetario con miras al intercambio.* Además, concluye sobre las bondades que genera la actividad comercial, pues afirmó que *cuando alguien intercambia algo con otro, ya sea dando o tomando, lo hace pensando que es lo mejor para él mismo.* (Platón, 1988).

Como ocurre con las ideas de Jenofonte, los postulados de Platón también son reformulados y completados, ahora por los Mercantilistas, en el contexto del origen y conformación de los Estados Nación.

Completamos esta sección con Aristóteles, discípulo de Platón. En su libro *Política*, emplea de manera recurrente el término *crematística*, en este sentido es oportuno indicar su significado. *Crematística* se refiere al arte de adquisición en general, para Aristóteles, implica formas de adquisición buenas y malas; estas últimas están relacionadas con provechos de tipo pecuniario o por actividades comerciales, mientras que las formas sanas se refieren a la riqueza natural que se genera en las actividades económicas.

Las reflexiones de Aristóteles sobre la actividad comercial resultan de relevancia particular pues, de entrada, identifica que las mercancías presentan dos tipos de usos, el propio de cada mercancía y como medio de cambio.

En este sentido, sostuvo que *el que cambia un zapato al que no lo necesita por dinero o por alimento utiliza el zapato en cuanto zapato, pero no según su propio uso, pues no se ha hecho para el cambio.* Aristóteles admitió que este tipo de intercambio es natural porque constituye una forma de completar la autosuficiencia natural.

Sin embargo, también identificó que cuando las prácticas comerciales se generalizaron, surgió una *crematística,* en los términos explicados con anterioridad; en particular, señaló que, *una vez inventada la moneda por la necesidad del cambio, surgió la otra forma de crematística: el comercio de compra y venta. Al principio tal vez se dio de modo sencillo, y luego ya se hizo, con la experiencia, más técnico, según dónde y cómo se hiciese el cambio para obtener máximo lucro.* (Aristóteles, 1988).

Evidentemente, las ideas de Aristóteles conservan su validez, el comercio internacional es en el siglo XXI sinónimo de cuantiosas ganancias y su estudio requiere del empleo de metodologías técnicamente especializadas y complicadas, como es el caso de las prácticas desleales de comercio internacional.

Como se aprecia a lo largo de este capítulo, la elaboración de teorías dedicadas al estudio del comercio internacional requiere del conocimiento y comprensión de las ideas y postulados esgrimidos con anterioridad; en este orden de ideas, en el apartado próximo se presentan los primeros pronunciamientos que se elaboraron específicamente para explicar los flujos de comercio internacional, en un contexto histórico caracterizado por el surgimiento de los Estados Nación y del sistema capitalista.

b) Mercantilismo

Las ideas mercantilistas surgen en el contexto histórico caracterizado por el génesis del sistema capitalista y la conformación de los Estado Nación, este proceso fue largo y diverso entre los países, sobre todo de Europa; en consecuencia, los postulados mercantilistas corresponden a la promoción y fortalecimiento de los Estados Nación.

En este contexto, los postulados mercantilistas giraban alrededor de la promoción del Estado, así como de la adopción de políticas proteccionistas de todo tipo, tanto del mercado, como de la industria nacional.

En general, los mercantilistas temían el exceso de libertad, de modo que se apoyaron en el Estado para planificar y regular la vida económica. La lista de políticas especialmente diseñadas para promover los intereses de Estado Nación era amplia y variada. Entre este tipo de políticas había clases muy diversas de regulación de la economía nacional e internacional. Las condiciones nacionales en la economía mercantilista típica se componían de regulaciones detalladas en algunos sectores de la economía, poca o ninguna regulación en otros, impuestos y subsidios en el caso particular de algunas industrias, y entrada restringida en muchos mercados; por ejemplo, los monopolios legales en forma de privilegios y patentes fueron comunes en el mercantilismo, asimismo, por medio de privilegios se garantizaban los derechos exclusivos de comercio a un comerciante particular o a una sociedad de comerciantes, como sucedió con la Compañía de las Indias Orientales. (Ekelund, R. 2005)

Los mercantilistas reflexionaron acerca de la importancia estratégica que tienen la industria y el comercio; sus ideas sirvieron de sustento a las políticas proteccionistas que aplicaron los Estados nacientes, a la vez que promovieron su consolidación, en un entorno histórico y político peculiar, caracterizado por el abandono de las estructuras medioevales y el inicio del siglo XVI.

Como se explicó con anterioridad, los intercambios comerciales existen desde siglos antes, desde las primeras civilizaciones; sin embargo, el proceso que culminó con la conformación y consolidación del Estado Nación moderno, así como la adopción del sistema capitalista, permiten el inicio de operaciones formales de lo que conocemos en la actualidad como comercio internacional, es decir, comercio entre naciones.

En virtud de lo anterior, podemos afirmar que el pensamiento económico de la época estuvo influido por la necesidad de fortalecer a los Estados Nacionales; en consecuencia, se concluyó que, antes de participar en actividades comerciales, era imperativo contar con un Estado Nación fuerte y próspero para, de esta manera, contar con los elementos necesarios que permitieran obtener beneficios del comercio internacional.

En términos generales, el Mercantilismo promueve los siguientes principios:

a. El número de habitantes influye en forma directa sobre la riqueza de un Estado.

b. La riqueza de un Estado también está influida por su cantidad de metales preciosos.

c. La industria y el comercio son actividades estratégicas.

d. El saldo de la balanza comercial debe ser favorable. Una nación debe vender al extranjero tanto como pueda y comprar al extranjero lo menos posible.

e. El objeto de la actividad económica es el fortalecimiento del Estado. (García, R. 2011)

Con base en los principios que promovía el Mercantilismo, podemos señalar que las ganancias que las naciones pueden obtener del comercio internacional están en función de su fortaleza interna. Pasaron décadas para que otros pensadores reflexionaran sobre la posibilidad de que el comercio internacional pudiera generar beneficios para todos los países participantes.

Sin embargo, los postulados mercantilistas son relevantes porque, hasta la fecha, son considerados como una primera referencia del pensamiento económico, relativo al estudio del comercio internacional, en particular, por las políticas de corte proteccionista; asimismo, las ideas mercantilistas han sido materia de análisis y contrastación por parte de las escuelas de pensamiento que los sucedieron.

Max Weber concibió al mercantilismo como la traslación del afán de lucro capitalista a la política. El Estado procede como si estuviera única y exclusivamente integrado por empresarios capitalistas; la política económica hacia el exterior descansa en el principio de aventajar al adversario, comprándole lo más barato posible y vendiéndole lo más caro que se pueda. La finalidad más alta consiste en robustecer hacia el exterior el poderío del Estado. (Weber, M. 1974)

Será hasta entrado el siglo XVIII cuando surjan estudios más elaborados, que van más allá de las ideas mercantilistas, en particular, en Francia. Los autores de la escuela económica que sucedió al Mercantilismo tuvieron como objetivo investigar las causas y efectos del comercio internacional sobre las naciones.

c) Fisiocracia

Se puede afirmar que el pensamiento mercantilista concluyó en la década de 1750, con la publicación de tres obras: el Ensayo sobre la naturaleza del comercio en general de Richard Cantillon, los Ensayos políticos de David Hume y el *Tableau* économique de François Quesnay. (García, R. 2011)

Las tres obras mencionadas constituyen la parte esencial de la corriente del pensamiento económico conocida como Fisiocracia. Esta escuela nació en Francia a mediados del siglo XVIII y determinó, en gran medida, la decadencia del Mercantilismo. François Quesnay es considerado como uno de sus fundadores y máximos exponentes, principalmente con su obra el *Tableau* économique. Entre los autores más representativos de este movimiento se encuentran Victor Riquetti (marqués de Mirabeau), Anne Robert Jacques Turgot y Pierre Samuel du Pont de Nemours.

Los fisiócratas suponían que el mercado estaba regulado por leyes económicas objetivas y razonables que operaban con independencia de la voluntad humana. A diferencia del mercantilismo (que consideraba un Estado protector), concluyen acerca de la existencia de una *ley natural.*

Entre sus principales objetivos estaba identificar los mecanismos mediante los cuales operaban las causas determinantes del nivel general de la actividad económica; asimismo, los fisiócratas concebían dos grupos sociales: la clase productiva (dedicada a la producción agrícola) y la clase estéril (dedicada al resto de las actividades).

Para los fisiócratas, el nivel general de la actividad económica estaba determinado, en buena medida, por la producción agrícola y plantearon que solo la agricultura tiene la capacidad de generar un producto neto que representaba a un excedente calculado sobre el costo de producción; es decir, solo la agricultura puede crear riqueza.

En particular, David Hume elaboró un planteamiento opuesto a los principios mercantilistas, es decir, menos proteccionista y mucho más cercano a la promoción del comercio internacional.

Hume afirmó que los Estados no deben ver con recelo al resto de las naciones, principalmente a sus vecinos, por el contrario, consideró que el aumento de la riqueza y comercio de una nación fomenta el desarrollo de sus vecinos. (García, R, 2011).

El planteamiento de Hume resulta relevante porque sigue siendo válido en el siglo XXI, en particular, este principio forma parte fundamental de la promoción de acuerdos regionales de comercio. Este pensador argumentaba que la actividad comercial entre las naciones permitía un proceso continuo de aprendizaje y mejora entre las industrias domésticas; en virtud de lo anterior, los países están en posibilidad de importar conocimiento, mismo que podrán emplear en sus industrias domésticas.

Hume suponía que una industria nacional sólida es la base del comercio exterior, empero, también afirmaba que el resto de los países deben contar con artes y cultivos para intercambiar. Este argumento es fundamental porque aporta la idea de intercambiar bienes industriales, por bienes no industriales y, los efectos del comercio internacional no son solo complementarios, sino benéficos para los países participantes; además, este pensador también observó los efectos de los recursos naturales sobre el comercio.

Las ideas de Hume fueron desarrolladas posteriormente con mayor amplitud. Adam Smith concluyó que el comercio internacional refleja la ventaja absoluta de las naciones en la producción de determinadas mercancías y que, en consecuencia, los intercambios se realizarán entre productos de industrias o sectores económicos distintos. Por su parte, los efectos de la dotación de los recursos naturales fueron analizados en el siglo XX por los economistas suecos Bertil Ohlin y Eli Heckscher.

Otra conclusión relevante de Hume es la relativa a los efectos positivos que genera el crecimiento de las industrias en las naciones vecinas, porque este crecimiento promoverá un mayor consumo que, a su vez, beneficiará a las exportaciones del país analizado.

Con base en lo anterior, se colige que la actividad comercial puede contribuir a la conformación de mercados de mayor tamaño, a los que pueden acceder los productos elaborados por las industrias domésticas; es decir, promueve los procesos de integración regional.

Otro autor fundamental para comprender los albores de la teoría de comercio internacional es Richard Cantillon. En términos generales, se puede decir que la obra de Cantillon, *Ensayo sobre la naturaleza del comercio en general*, analiza tres temas básicos: la riqueza, la circulación del dinero y el comercio internacional.

El Ensayo de Cantillon representa el estado del arte de la economía antes de Adam Smith. Es un tratado general de penetrante intuición y notable claridad, características que no han remitido con el paso del tiempo. A diferencia de Boisguillebert, que atacó problemas económicos específicos, Cantillon trataba de descubrir principios básicos. Una relación de las contribuciones originales de Cantillon a la economía sirve para subrayar su importancia, pues fue uno de los primeros en tratar el crecimiento de la población como parte integrante del proceso económico, desarrolló una explicación económica de la localización de las ciudades y núcleos de producción, distinguió entre precio de mercado y valor intrínseco, demostró que las variaciones de la velocidad son equivalentes a las de la masa monetaria, investigó los canales a través de los cuales las variaciones de la masa monetaria influyen sobre los precios y describió el mecanismo por el que los precios se ajustan en el comercio internacional, entre otras contribuciones. (Ekelund, R. 2005).

Richard Cantillon asumió que el valor intrínseco de las mercancías está en función de la cantidad de tierra y trabajo necesaria para su producción. En consecuencia, argumentó que existe una relación de paridad entre el valor de la tierra y el valor del trabajo. Sin embargo, advirtió una diferencia cualitativa relevante entre el trabajo de un labrador, que desarrolla actividades rurales que no reclaman mayor habilidad, y el desarrollado por un artesano. (García, R. 2011)

El postulado de Cantillon sobre las diferencias cualitativas del trabajo conserva su validez. Los países que cuentan con una dotación de trabajadores *relativamente* mejor calificados, por lo regular, formados en un buen sistema educativo, cuentan con el potencial productivo, así como con la capacidad para generar conocimiento, que les permite elaborar mercancías con mayores niveles de valor agregado y, en consecuencia, obtienen mayores beneficios del comercio internacional.

El estudio que efectuó Cantillon supone que, si bien la riqueza se extrae de la tierra, esta riqueza se produce por el trabajo; por lo tanto, la sociedad subsiste o se enriquece a costa de los propietarios de la tierra.

En sus postulados, Cantillon explicó que una nación debe promover la exportación de bienes intensivos en trabajo, así como la importación de bienes intensivos en el factor tierra, de esta manera, el resto de los países estaría transfiriendo riqueza a través de sus productos intensivos en tierra; esta conclusión conserva su vigencia pues, está íntimamente relacionada con la importación de bienes agrícolas y, más aún, cuando son objeto de subvenciones por parte de los países exportadores.

En este sentido, Cantillon afirmó que cuando el Estado cambia su trabajo por el producto de la tierra del extranjero resulta, al parecer, una ventaja en el comercio, puesto que sus habitantes se sustentan a expensas del extranjero. (Cantillon, R. 1996)

En la actualidad, los postulados de Cantillon conservan su validez, en mayor medida de lo que se podría suponer, puesto que se aproximan a los modelos de exportación que registran los países del sudeste asiático; en específico, más allá de la abundancia relativa del factor trabajo, las naciones pueden maximizar las ganancias que obtienen del comercio internacional a través de la participación de capital humano capacitado y competitivo, que promueva la generación de mayores niveles de valor agregado.

Sobre nuestra materia de estudio, las controversias surgen cuando las empresas exportadoras recurren al dumping para posicionar sus productos en los mercados del país importador y esta práctica afecta negativamente a las ramas de producción nacional o, cuando los gobiernos de los países aplican políticas para subvencionar las exportaciones de productos específicos, también dañando el desempeño de la industria nacional, en el país importador.

Los diversos postulados teóricos considerados constituyeron la base de pensamiento económico que Adam Smith tomó en cuenta para elaborar una primera explicación sistemática sobre los flujos comerciales, así como de las ganancias que obtienen las naciones a partir de sus intercambios comerciales.

d) Ventaja absoluta

Los estudios realizados por Adam Smith tomaron como punto de partida las ideas que dominaban hacía mediados del siglo XVIII. En particular, la riqueza se expresa en oro y plata,[1] y por ello, las estrategias nacionales tenían como objetivo central acumular

---

1 A su vez, el oro y la plata acumulados se representan de tres maneras: moneda circulante, utensilios familiares y el Tesoro nacional.

la mayor cantidad de metales valiosos, así como la aplicación de políticas para evitar flujos hacia el extranjero; empero, cuando los comerciantes comenzaron a comprar con oro y plata surgió la idea práctica de realizar las operaciones de comercio internacional con estos metales y, en consecuencia, las naciones iniciaron procesos para eliminar las prohibiciones que venían aplicando.

La exportación de oro y plata, a través de la adquisición de mercancías en el extranjero, no disminuye, necesariamente, el nivel de riqueza de las naciones porque las exportaciones de productos también serán pagadas con estos metales, por lo que la variable que influye directamente sobre el nivel de riqueza de las naciones sería, en principio, el saldo comercial.

Smith observó que cuando una nación no cuenta con yacimientos de oro y plata, tiene la necesidad de importarlos; sin embargo, esta *desventaja* no es determinante, porque aplica en general, ya que, por ejemplo, también los países que no cuentan con viñedos tienen la necesidad de importar vino.

La conclusión anterior constituye una primera respuesta al surgimiento del comercio internacional, en el sentido de que responde a las necesidades nacionales, ya que no todos los países cuentan con los recursos para producir todas las mercancías. Asimismo, esta conclusión también resulta relevante porque coloca al oro y la plata al nivel de cualquier mercancía.

La importancia de la conclusión de Smith va más allá porque asegura que la libertad de comercio genera beneficios para las naciones, en cuanto a que complementa y amplía las posibilidades de producción (oferta) nacional. Este autor indicó que *la libertad de comercio surtirá a la nación de todo el vino necesario sin una atención particular del Gobierno, y con la misma seguridad podemos confiar en que aquella libertad nos proveerá de cuanto oro y plata seamos capaces de comprar para emplearlo en la circulación o en cualquier otro uso.* (Smith, A. 1982).

Ahora bien, en su análisis Smith observó que las mercancías más finas y acabadas, con mayor valor agregado, son las más convenientes para ser exportadas, ya que existe una relación directa entre su precio y la cantidad de oro y plata que ingresará al país por su concepto. En contrapartida, los bienes del sector primario resultan menos convenientes para ser exportados. (García, R. 2011)

En particular, Smith estableció que el descubrimiento de América, si bien originó ganancias para Europa por el ingreso de oro y plata, los mayores beneficios se registraron debido a la ampliación de nuevos mercados, pues su demanda se tradujo en aumentos de la capacidad productiva.

En consecuencia, es oportuno señalar que, por un lado, con base en los postulados teóricos explicados hasta ahora, en el contexto del siglo XVIII, se colige que el comercio internacional es el vehículo que disponen las naciones para destinar a los mercados de exportación sus excedentes, en principio, no importa si los países envían mercancías intensivas en trabajo o en tierra, el acceso a mercados de mayor tamaño les permite colocar los excedentes que no registran demanda en su mercado interno.

Sin embargo, las posturas analíticas coinciden en señalar la importancia que tiene la promoción de las exportaciones de productos con mayores niveles de valor agregado; esta condición es fundamental para entender el alcance de las políticas industriales ejecutadas en cada país y, en consecuencia, valorar el éxito de su política económica.

Al respecto, es relevante identificar que Smith considero la posibilidad de promover las exportaciones y limitar las importaciones. Sobre la promoción de las exportaciones, observó que las *primas* a la exportación funcionan como apoyos que los Estados brindan a productores de ciertas industrias para que estén en condiciones de vender sus mercancías en el exterior a precios menores. (García, R. 2011)

Sobre las primas a la exportación, se puede abundar de manera significativa, dado que es un tema que está en boga actualmente en el comercio internacional. En efecto, las primas a la exportación que analizó Smith constituyen un antecedente directo de las prácticas de subvención.[2] Es importante indicar que el tema de las subvenciones es uno de los aspectos torales que han mantenido en suspenso a las negociaciones de la Ronda Doha de OMC, por más de dos décadas.

Acerca de las políticas proteccionistas que limitan las importaciones, Smith dividió su análisis en las restricciones impuestas a la importación de productos que se pueden producir en el país y en las restricciones aplicadas a mercancías originarias de países con los que se registra una balanza comercial desfavorable.

En el primer caso, estableció que las restricciones originan el surgimiento de monopolios en la industria doméstica que, a su vez, ofrecerán sus mercancías a precios mayores. Con base en esta conclusión, Smith se aproxima al concepto de ventaja absoluta: cuando un país extranjero nos puede ofrecer una mercancía en condiciones más baratas que nosotros podemos hacerla, será mejor comprarla que producirla, dando por ella parte del producto de nuestra propia actividad económica, y dejando a ésta emplearse en aquellos ramos en que saque ventaja al extranjero. (Smith, A. 1982)

Es relevante indicar que el propio Smith limitó el alcance de su conclusión, ya que admitió, por lo menos, una excepción: cuando se trata de ramas productivas estratégicas para la defensa.

---

2 La Organización Mundial de Comercio define a las subvenciones como prácticas desleales de comercio internacional.

Acerca de las restricciones que se aplican sobre países con los que se tiene balanza comercial negativa, Smith las consideró como *irracionales*, de entrada, porque ésta es una situación particular que no tiene por qué ser reflejo de la balanza comercial total de un país. Además, propone que aun cuando existe balanza desfavorable con algún país, sus importaciones pueden ser reexportadas, regresando al país oro y plata.

Como hemos explicado con otros postulados, esta idea de Smith no solo conserva su validez, sino que en México está muy presente pues, efectivamente, nuestro país tiene superávit con Estados Unidos y déficit en la balanza comercial total y, ciertamente, una proporción relevante de las importaciones mexicanas se reexporta.

Smith desarrolló un análisis particular para establecer cuál país exporta más valor. En su explicación, consideró lo que denomina *curso de cambio*, que consiste en la posición acreedora/deudora entre países y que, a su vez, refleja el saldo de la balanza comercial. Con base en estas ideas, Smith estableció que el saldo de la balanza no es el indicador más apropiado para establecer restricciones comerciales y que, en todo caso, el comercio *forzado* por primas a la exportación y monopolios es perjudicial para los países que los fomentan.

Por el contrario, Smith sostuvo que *aquel comercio que, sin fuerza ni violencia, se desarrolla de una manera normal entre los dos pueblos es siempre ventajoso, aun cuando la ventaja no sea la misma para las dos partes. Por ventaja o ganancia se ha de entender, en todo caso, no el aumento de la cantidad de oro y de plata, sino el valor anual de la tierra y del trabajo del país, o el aumento del ingreso de sus habitantes en el curso del año.* (Smith, A. 1982)

En virtud de lo anterior, estableció la existencia de un indicador más apropiado para valorar el nivel de prosperidad de una nación, la balanza o equilibrio entre producción y consumo anual. Este equilibrio indica la relación que existe entre ingreso y gasto nacional, si el valor del producto es mayor al consumo, el país se está capitalizando (ahorrando); por el contrario, si el consumo crece de manera más acelerada, el producto nacional también registrará una tendencia negativa, como consecuencia del exceso de consumo.

Con base en el análisis efectuado, Smith afirmó que el consumo constituye la finalidad de la industria y el comercio, porque el objetivo de la producción es el consumo y, en consecuencia, el fomento de la producción debe promover al consumo.

La ventaja absoluta es uno de los componentes teóricos desarrollados en el marco del sistema económico establecido por Smith, en este sistema de libertad económica se anteponen los intereses del consumidor, es decir, el libre comercio genera beneficios para todos los países que lo practican, especialmente para sus consumidores.

La teoría de la ventaja absoluta continúa siendo una primera referencia de las teorías del comercio internacional. Paul Krugman la define de la siguiente manera: *cuando un país puede producir una unidad de un bien con menos trabajo que otro país, decimos que este primer país tiene ventaja absoluta en la producción de este bien.* (Krugman, P. 2016)

De esta manera, podemos confirmar a la ventaja absoluta como una primera referencia de las ganancias generadas por el comercio internacional; su relevancia radica en que constituye la explicación elemental por la que la teoría clásica del comercio internacional justifica el libre comercio, siempre desde el punto de vista de la libertad económica, y de mercado, que debe predominar en el desarrollo de las operaciones comerciales entre las naciones.

La ventaja absoluta es una explicación sobre las ganancias que genera el libre comercio, aunque puede no ser clara sobre el monto de los beneficios que cada país obtiene; en el extremo, cuando una nación no cuenta con ventajas absolutas estaría impedida para participar en el comercio internacional, por ello, la ventaja comparativa constituye una explicación más completa, que permite valorar de manera más objetiva a las ganancias que genera el comercio internacional.

e) Ventaja comparativa

La ventaja comparativa fue desarrollada sobre la base teórica de la ventaja absoluta. David Ricardo tomó en consideración la mayor parte del conocimiento desarrollado previamente para concluir la existencia de una ventaja, que no se determina con base en la comparación absoluta de unidades de trabajo, sino a partir de una comparación en términos relativos. En particular, *Ricardo parte del principio general de que el libre comercio implica que cada país invierte su capital y trabajo de la manera más beneficiosa. El trabajo se distribuye eficazmente porque recompensa las capacidades y, en consecuencia, incrementa el volumen de producción.* (García, R. 2011)

Con objeto de elaborar una explicación acerca de la ventaja comparativa, primero es necesario definir el término *costo de oportunidad.* En términos microeconómicos, suponiendo pleno empleo y haciendo una abstracción, con fines analíticos, consideramos que la economía en cuestión produce dos mercancías, A y B.

En estos términos, el costo de oportunidad se puede entender como la cantidad que necesariamente se deja de producir de un bien (A), cuando se elige aumentar en una unidad la producción del otro bien (B).

Ahora bien, la ventaja comparativa supone que los flujos comerciales están en función de la productividad del factor trabajo; en consecuencia, los países se especializan en la producción de los bienes en los que su fuerza laboral alcanza los mayores niveles de productividad.

La correcta valoración del costo de oportunidad, así como su debida *comparación* con el nivel equivalente que registra el resto de los países, permitirá a las naciones identificar los productos donde registra ventajas comparativas. Es decir, se especializará en la producción de las mercancías donde su factor trabajo alcanza los mayores niveles de productividad y, en consecuencia, se garantiza una asignación eficiente del factor trabajo.

La ventaja comparativa de David Ricardo explica los flujos comerciales con base en la productividad de trabajo, asigna la especialización de los países en función de su eficiencia, de acuerdo con los mecanismos del mercado que, justo asigna el uso de los recursos de manera eficiente. Asimismo, la ventaja comparativa corresponde a casos particulares en los cuales, las naciones no cuentan con ventajas absolutas, entonces, se impone hacer comparaciones en términos relativos y, en consecuencia, contar con elementos objetivos para sustentar que el intercambio comercial cuenta con la capacidad de generar beneficios para todos los países que participan en el comercio internacional.

Con base en lo anterior, podemos concluir que la ventaja comparativa de David Ricardo corresponde a un caso particular, cuando la ventaja comparativa está determinada por las distintas productividades del trabajo entre las naciones. A continuación, presentaremos los elementos generales del modelo Heckscher-Ohlin que, a su vez, corresponde a otro caso particular, cuando la ventaja comparativa está en función de la dotación de los factores productivos entre los países; asimismo, es oportuno señalar que este modelo fue elaborado en el seno de la escuela neoclásica de teoría económica.

El modelo Heckscher-Ohlin, desarrollado por los economistas suecos Eli Heckscher y Bertil Ohlin,[3] incorpora los planteamientos elaborados por la teoría neoclásica y adiciona

---

3 Bertil Ohlin recibió el premio nobel de economía en 1977.

al factor productivo tierra. En términos generales, podemos decir que, en este modelo, la producción de las mercancías es resultado de la combinación de cantidades preestablecidas de tierra y trabajo.

Este modelo supone que las naciones cuentan con una cierta dotación de los factores tierra y trabajo y que, a partir de la diferencia entre dichas dotaciones, se asume un factor *relativamente abundante;* asimismo, también considera que ambos factores se asignan de manera eficiente.

Krugman estableció que *en general, una economía tenderá a ser relativamente eficaz en la producción de bienes que son intensivos en los factores en los que el país está relativamente mejor dotado.* (Krugman, P. 2016)

Asumiendo que los países se especializan en la producción de las mercancías que requieren de manera intensiva el factor relativamente abundante, el comercio internacional genera mayores utilidades para los propietarios del factor relativamente abundante y menores para los propietarios del factor que se encuentra en menores cantidades preestablecidas; este postulado es fundamental, porque el Modelo Heckscher-Ohlin tiene la peculiaridad de elaborar una primera explicación teórica donde no todos los agentes económicos obtienen ganancias del comercio internacional.

Al respecto, Markusen sostuvo que el modelo de dos factores de Heckscher-Ohlin es considerablemente más rico que el modelo ricardiano y permite predicciones más realistas. En primer lugar, como la frontera de producción está "desaparecida", los países tendrán una tendencia mucho menor a especializarse. En el modelo ricardiano de dos países, al menos un país debe estar especializado. En segundo lugar, Heckscher-Ohlin permite efectos distributivos del ingreso interesantes e importantes del comercio. En particular, los propietarios de los diferentes factores estarán en conflicto en sus puntos de vista sobre la conveniencia del comercio liberal frente a la protección comercial. Este es un primer paso importante para comprender la economía política de la protección comercial. (Markusen, J. 2011)

Considerando que, el factor trabajo aumenta naturalmente con el crecimiento poblacional, la tendencia de la extensión de tierras es negativa, en consecuencia, la incorporación de las mercancías agrícolas en el comercio internacional generará menores utilidades o, incluso, pérdidas para los propietarios de la tierra, validando los planteamientos de los fisiócratas, sobre la transferencia de riqueza del campo a la ciudad.

Es relevante indicar que, considerando los modelos de David Ricardo y Heckscher-Ohlin como explicaciones de casos particulares de la ventaja comparativa, Paul Krugman[4] elaboró un modelo Estándar, que tiene por propósito presentar una explicación general acerca de los flujos de comercio internacional. Al respecto, Krugman señaló *que El modelo estándar de comercio se construye a partir de cuatro relaciones: 1) la relación entre la frontera de posibilidades de producción y la curva de oferta relativa, 2) la relación entre los precios relativos y la demanda, 3) la determinación del equilibrio mundial mediante la oferta y la demanda relativa mundiales y 4) el efecto de la relación de intercambio (el precio de las exportaciones de un país dividido sobre el precio de sus importaciones) sobre el bienestar nacional.* (Krugman, P. 2016).

En la próxima sección se analizan los postulados teóricos más *recientes*, que se caracterizan por considerar condiciones de competencia imperfecta, en primer término, se presenta una explicación sobre el modelo de Competencia Monopolística.

---

4 Paul Krugman recibió el premio nobel de economía en 2008.

I.2 COMPETENCIA IMPERFECTA Y ECONOMÍAS DE ESCALA

Durante las últimas décadas del siglo XX, Paul Krugman se abocó al estudio de los supuestos que considera la teoría neoclásica de comercio internacional, concluyendo que habían perdido validez; en consecuencia, sus postulados teóricos parten del supuesto de mercados con condiciones de competencia imperfecta, la generación de economías de escala, así como la competencia a través de productos diferenciados, supuesto este último pilar fundamental del modelo de Krugman que, en particular, se centra en el estudio de los mercados con competencia monopolística.

a) Modelo de Krugman

Paul Krugman, economista originario de EUA, ganó el Premio Nobel de Economía en 2008, entre sus obras, destaca el célebre artículo *Análisis de los patrones de comercio y localización de la actividad económica*, publicado en el *Journal of International Economics* en 1979. Antes de esta publicación, la teoría ortodoxa sostenía, como argumento central, que los flujos de comercio internacional, así como la localización de las actividades productivas, se explicaban básicamente por las ventajas comparativas de las naciones.

En su artículo, Krugman determinó que una parte sustancial de los flujos de comercio internacional se realiza entre naciones con mercados con condiciones de competencia imperfecta y economías de escala crecientes, como ocurre en el caso de la industria automotriz.

Es oportuno señalar que, a diferencia de los mercados con condiciones de competencia perfecta, donde concurren productos homogéneos, como podrían ser los *commodities*, en los mercados con condiciones de competencia imperfecta y de competencia monopolística, compiten productos semejantes, pero diferenciados, como los automóviles.

Las empresas que registran rendimientos crecientes están en condiciones de generar economías de escala; de esta manera, las unidades productivas con economías de escala, como las empresas multinacionales, producen de forma más eficiente en la medida que crece su escala de producción y, en consecuencia, reducen su nivel de costos unitarios o medios.

Paul Krugman y Oscar Bajo coinciden en la identificación de dos niveles de economías de escala: 1) las internas, cuando el costo unitario está en función inversa del tamaño de la empresa; y 2) las externas, cuando el costo unitario está en función inversa del tamaño de una industria en particular. (Krugman, P. 2016 y Bajo, O. 1991)

En relación con nuestra materia de estudio, cabe señalar que la discriminación de precios o *dumping* corresponde a una práctica que emplean las empresas para exportar sus excedentes de producción, generados a través de economías de escala internas, a mercados internacionales; mientras que las industrias que se benefician de las políticas de subvenciones están en condiciones de generar economías de escala externas.

Ahora bien, a continuación, se procede a presentar los elementos sustantivos del Modelo de Krugman; los supuestos principales de este modelo son: el trabajo es el único factor de producción, existen economías de escala internas y condiciones de competencia monopolística. (Appleyard, D. 2003)

En términos generales, Krugman establece que una empresa requiere de una cierta cantidad de trabajo para obtener un nivel de producción, tal como se presenta en la Ecuación 1:

$$L = a + bQ \qquad \textbf{Ecuación 1}$$

Donde:

L = cantidad de trabajo

a = número constante (determinado por la tecnología)

b = especifica la relación marginal entre producto y trabajo

Q = cantidad producida

A partir de la ecuación, podemos deducir que, por ejemplo, para duplicar la cantidad producida se necesita un aumento de trabajo inferior al 100%. En el Cuadro 4 se presenta el Ejemplo A, que considera un número constante de 10; es importante señalar que, si bien las tasas de crecimiento registradas por la producción son mayores a las del trabajo, la magnitud de ambas tasas tiende a igualarse.

Cuadro 1 Ejemplo A. Relación trabajo vs. producción, con constante 10

				Tasas de crecimiento	
L	a	b	Q	L	Q
50	10	2	20		
90	10	2	40	80%	100%
130	10	2	60	44%	50%
170	10	2	80	31%	33%
210	10	2	100	24%	25%
250	10	2	120	19%	20%
290	10	2	140	16%	17%

Elaboración propia.

Es oportuno indicar que, considerando que el número constante representa el nivel tecnológico disponible por la empresa, entonces si repetimos el ejercicio, ahora como Ejemplo B, con un número constante de 20, entonces la brecha entre las tasas de crecimiento es mayor; tal como se presenta en el Cuadro 2.

Cuadro 2 Ejemplo B. Relación trabajo vs. producción, con constante 20

				Tasas de crecimiento	
L	a	b	Q	L	Q
60	20	2	20		
100	20	2	40	67%	100%
140	20	2	60	40%	50%
180	20	2	80	29%	33%
220	20	2	100	22%	25%
260	20	2	120	18%	20%
300	20	2	140	15%	17%

Elaboración propia.

Es oportuno señalar que, los postulados revisados son pertinentes porque, en términos generales, el negocio del comercio internacional genera utilidades de centavos por unidad, es decir, ganancias marginales, por lo que la obtención de ganancias mayores está en función de la exportación de volúmenes significativos.

El atractivo que ofrece el comercio internacional, a través de las ganancias por volumen, es campo fértil para las empresas exportadoras que cuentan con la capacidad de generar economías de escala. Este principio guarda una relación directa con las ventajas que ofrece el libre comercio; en particular, la política de apertura promueve el acceso a mercados nuevos, donde las empresas destinan los excedentes de producción que obtuvieron a través de las economías de escala.

Como ya se explicó, además del trabajo como único factor productivo y de la existencia de economías de escala, el Modelo de Krugman también supone una estructura de mercado con condiciones de competencia monopolística, estructura que, a su vez, considera los supuestos siguientes:

a. Conviven muchas firmas.

b. La industria no registra barreras a la entrada y salida.

c. La utilidad es cero en el largo plazo.

d. Los productos son heterogéneos.

e. El consumidor otorga una determinada lealtad a la marca del producto.

f. La publicidad y la promoción son herramientas empleadas para diferenciar los productos.

En general, el modelo de Krugman considera que las ventas de la empresa A están relacionadas, de manera directa, con el tamaño de la demanda y el precio de sus competidores; por el contrario, las ventas de la empresa A están relacionadas, de manera inversa, con el número de competidores y el precio que determine para sus mercancías. En la Ecuación **2** se presenta la demanda que enfrenta la empresa A.

$$Q = S \times [1/n - b \times (P - Pm)] \qquad \text{Ecuación 2}$$

Donde:

Q = ventas de la empresa

S = ventas de la industria

n = número de empresas

P = precio de la empresa A

Pm = Precio medio de los competidores.

En este modelo, si bien las empresas concurren en el mercado, junto con sus competidores, su comportamiento se asemeja al de un monopolista; este comportamiento se explica porque ofrecen un producto diferenciado, lo que promueve la creación de nichos de mercado lo que, a su vez, les otorga un cierto grado de monopolio.

En la Gráfica 1 se presenta la maximización de utilidades a corto plazo en competencia monopolística. Esta maximización considera que la empresa producirá hasta el punto en que se igualan su ingreso y su costo marginal, punto Q1; la diferencia entre el precio (P1) y el costo medio (CMe1) representa la utilidad que la empresa obtiene en el corto plazo.

Gráfica 1 Maximización de utilidades a corto plazo para la firma en competencia monopolística

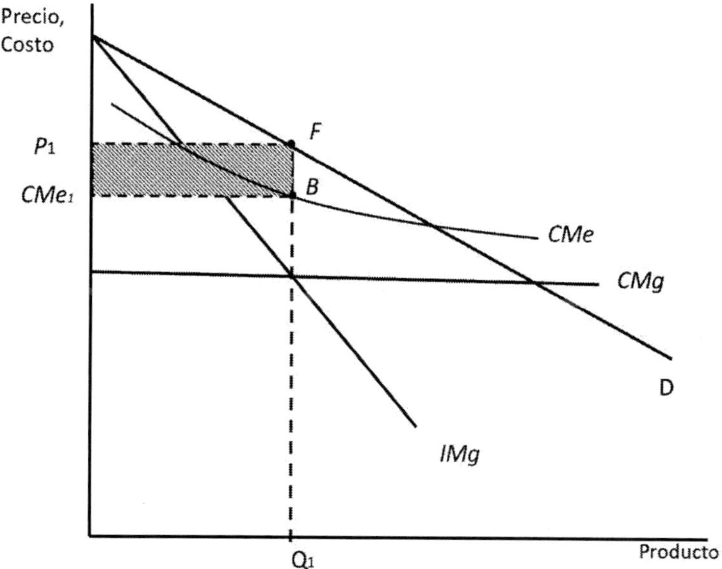

Fuente: Appleyard, Dennis R. 2003. Economía internacional. Pág. 170.

Dado que no existen barreras a la entrada, las utilidades que obtiene la empresa atraen el ingreso de nuevos competidores, por lo que, en el largo plazo, la demanda (D) que enfrentan las empresas en lo individual, se desplaza hacia abajo y será más elástica debido al mayor número de productos sustitutos, por lo que el precio disminuirá hasta que la utilidad llegue a cero; es decir, en el largo plazo, la utilidad es cero.

La relevancia de este modelo se explica porque demuestra que, en el largo plazo, las empresas no estarían en capacidad de generar utilidades, por lo que surgen incentivos para acceder a nuevos mercados donde colocar sus excedentes de producción.

En este orden de ideas, es oportuno recordar la relación que existe entre la elasticidad precio de la demanda (Ed), el precio del producto (P) y el ingreso marginal (Img); esta relación se presenta en la Ecuación 3.

$$P = Img \times [Ed / (Ed+1)] \qquad \text{Ecuación 3}$$

A partir de esta relación, podemos comprobar que la Ed se hace menos elástica a medida que el consumo aumenta y que, como resultado del incremento en la cantidad consumida, el precio también se incrementa; tal como puede apreciarse en el Cuadro 3.

Cuadro 3 Relación entre Ed y precio

P	Img	Ed	Ed / (Ed+1)
40	20	-2.0	2.0
42	20	-1.9	2.1
45	20	-1.8	2.3
49	20	-1.7	2.4
53	20	-1.6	2.7
60	20	-1.5	3.0

Elaboración propia.

Ahora bien, en la Gráfica 2 se presenta la explicación del Modelo de Krugman. En el eje de las abscisas se ubica el consumo per cápita (c) y en el eje de las ordenadas se representa la relación que existe entre el precio de una mercancía determinada y los salarios (P/W). La curva PP indica que, a medida que se incrementa el consumo per cápita, el precio del bien aumentará, mientras que los puntos de la curva ZZ indican que, en el largo plazo, el precio es igual al costo medio. En virtud de lo anterior, cuando se expande el consumo per cápita se promueve la generación de economías de escala, pues se origina un mayor volumen de producción que, a su vez, se traduce en un nivel menor de costo medio.

Con base en las premisas señaladas, cuando el modelo incorpora al comercio internacional, el tamaño del mercado crece para cada empresa, situación que se representa con el desplazamiento de Z a Z'. Tomando en cuenta que el modelo hace una abstracción del mercado mundial a dos naciones (A y B), cuando los dos países inician sus operaciones de comercio internacional entre sí, el tamaño del mercado se amplía para cada firma, debido a que ahora cuentan con acceso a un número mayor de compradores potenciales.

Gráfica 2 Diagrama básico de Krugman

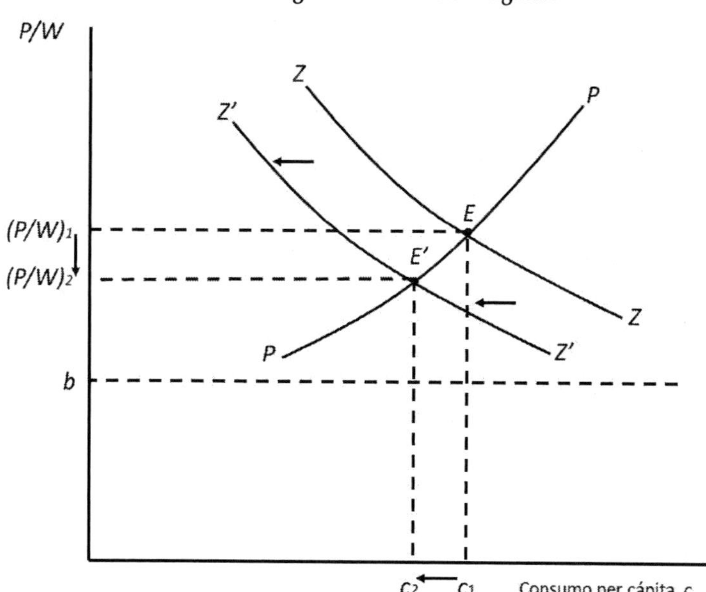

Fuente: Appleyard, Dennis R. 2003. Economía internacional. Pág. 171.

El efecto inmediato de la ampliación del mercado consiste en la promoción de las economías de escala y, en consecuencia, disminuye el costo medio de producción. La apertura de mercados permite que los consumidores del país A adquieran productos elaborados en el país B y viceversa, lo que origina una reducción del consumo per cápita (desplazamiento de Z a Z'), sin embargo, el consumo total aumenta, lo que fortalece la generación de economías de escala; adicionalmente, el desplazamiento de Z a Z' causa una disminución del precio real, ya que aumentaron los salarios.

Las conclusiones de este modelo refuerzan uno de los principios básicos de la teoría clásica: las naciones, en particular, las empresas exportadoras, obtienen ganancias por participar en el comercio internacional. Como ya han concluido otros modelos, el Modelo de Krugman, coincide en señalar que el comercio internacional amplía la gama de productos disponibles para el consumidor; sin embargo, resulta fundamental enfatizar que este modelo considera productos diferenciados (por la marca, publicidad y promoción) que concurren en mercados con condiciones de competencia imperfecta.

En conclusión, este modelo aporta una exposición particular de los flujos de comercio internacional que, si bien reconoce los principios básicos de las teorías clásica y neoclásica sobre el comportamiento del mercado (ley de la oferta y la demanda), al considerar condiciones de competencia imperfecta, presenta una opción alternativa que será tomada en cuenta en la construcción teórica que estamos elaborando con objeto de explicar la naturaleza y funcionamiento de los flujos de comercio internacional, en particular, para entender que las prácticas de discriminación de precios, desde el punto de vista económico, no se limita a vender mercancías a precios bajos.

En el apartado próximo presentamos una teoría fundamental para comprender la dinámica de los flujos de comercio internacional y que, desde nuestro punto de vista, complementa al Modelo de Krugman, la Teoría del ciclo del producto.

b) Teoría del ciclo del producto

La Teoría del Ciclo del Producto (TCP) fue elaborada por Raymond Vernon, economista originario de EUA, hacia 1966. El interés de Vernon surgió porque, a partir de las estadísticas relativas a las operaciones de comercio exterior efectuadas por las empresas de EUA, observó que no se cumplían los postulados vertidos por el Modelo Heckscher-Ohlin[5] y, en consecuencia, por la Teoría de la ventaja comparativa.

En su artículo *International investment and internacional trade in the product cycle,* Vernon reconoció que sus postulados ponen menos énfasis en la doctrina de los costos comparativos y más en el momento de la innovación, los efectos de las economías de escala, las funciones de la ignorancia y la incertidumbre en la evolución de las pautas del comercio. (Buckley, P. 1993)

En términos generales, la TCP establece que el ciclo de vida de un producto influye, en cierto grado, sobre los flujos de comercio internacional. De acuerdo con la TCP, el ciclo de vida de un producto se compone de tres etapas. (Appleyard, D. 2003)

a. Producto nuevo: el producto se elabora y consume solo en EUA, no hay comercio internacional.

---

5 Los países se especializan y exportan los productos que emplean, de manera intensiva, el factor productivo relativamente abundante y viceversa.

b. Producto maduro: se establecen características generales del producto y se generan economías de escala. Surge la demanda internacional en los países desarrollados porque el producto se ofrece a precios altos.

c. Producto estandarizado: las características y el proceso de producción son conocidos.

Con base en las etapas de la TCP, y tal como puede observarse en la Gráfica 3, se puede deducir que, en la etapa de maduración, la producción excede al consumo porque existe el incentivo de colocar la mercancía en el mercado de exportación a un precio alto.

En la etapa de estandarización, el proceso de producción y el consumo de la mercancía se popularizan, lo que origina que su precio disminuya significativamente, causando que el volumen de producción se reduzca hasta el punto de que es menor al consumo.

Vernon señaló que a medida que aumenta la demanda de una mercancía, suele presentarse un cierto grado de estandarización, lo que no implica que concluyan los esfuerzos por diferenciar el producto. Por el contrario, tales esfuerzos pueden incluso intensificarse, a medida que los productores intentan evitar todo el peso de la competencia de precios. Además, la variedad puede aparecer como resultado de la especialización. Por ejemplo, los radios, adquirieron formas tan especializadas como radios despertadores, radios de automóviles, radios portátiles, etc.; sin embargo, aunque las subcategorías pueden multiplicarse y aumentar los esfuerzos por diferenciar los productos, parece típica una creciente aceptación de ciertas normas generales; es decir, se impone una cierta tendencia hacia la estandarización de la mercancía. (Vernon, R. 1966)

Gráfica 3 Etapas del ciclo del producto

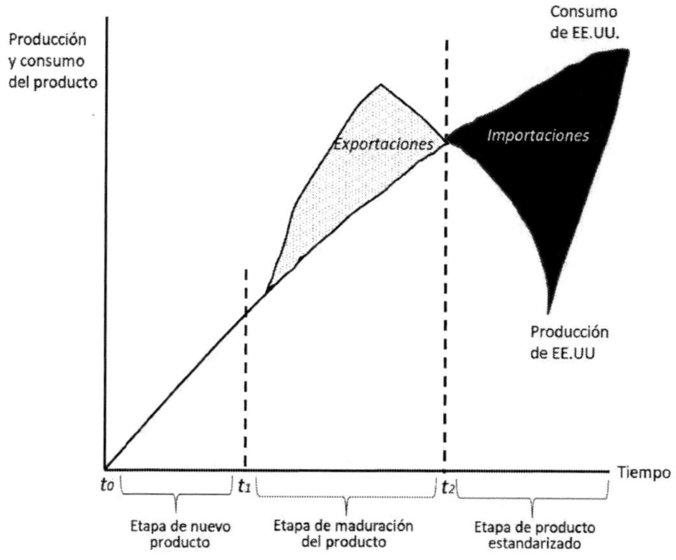

Fuente: Appleyard, Dennis R. 2003. Economía internacional. Pág. 160.

Los postulados de la TCP cobran mayor relevancia porque presentan una explicación del surgimiento de productos diferenciados a través de ciclos de creación de conocimiento, tecnología, e innovaciones en general. Este ciclo de tecnología es dirigido por las naciones con abundancia de capital, salarios altos, donde hay un incentivo de costos y una demanda de mercado suficiente para justificar nueva tecnología ahorradora de trabajo y desarrollo de productos nuevos. (Appleyard, D. 2003)

Los postulados vertidos por la TCP nos permiten arribar a las conclusiones siguientes:

a. En la etapa de maduración se alcanza el volumen máximo de producción; en consecuencia, el proceso productivo genera economías de escala y aumenta la capacidad instalada.

b. Por lo general, son las naciones desarrolladas las que cuentan con la capacidad de inversión, por lo menos en el corto plazo, para incrementar sus niveles de capacidad instalada.

c. En particular, cuando los países en desarrollo no cuentan con el mismo nivel de inversión, corren el riesgo de conformar industrias con capacidades instaladas significativamente inferiores a las conformadas en los países desarrollados.

d. La conformación de brechas, en cuanto a la dimensión de la capacidad instalada, es fundamental para explicar que los países en desarrollo se caracterizan por menores volúmenes de producción, con el consecuente nivel superior de costos medios, que afectan de manera determinante al nivel de competitividad de las naciones en desarrollo.

Con base en lo anterior, podemos señalar que el Modelo de Krugman y la TCP coinciden en reconocer que las empresas que compiten en mercados con condiciones de competencia imperfecta, en particular, en mercados oligopólicos, llevan a cabo procesos productivos a través de economías de escala, mismas que están soportadas en la magnitud de su capacidad instalada, la que, a su vez, genera excedentes de producción que se destinan hacia mercados de exportación.

Con objeto de completar la explicación teórica sobre los flujos de comercio internacional, en los apartados próximos examinaremos postulados, de corte heterodoxo, más cercanos a los casos relativos a mercancías homogéneas; iniciando con la Teoría de la renta.

c) Postulados sobre la renta económica internacional

A partir de la modificación de los supuestos que adoptaron las teorías *recientes* de comercio internacional, que consideran mercados con condiciones de competencia imperfecta, surgió la elaboración de postulados que explican la obtención de ganancias *extraordinarias* para las empresas que ofrecen sus productos en los mercados internacionales.

Las empresas que concurren en mercados con condiciones de competencia imperfecta, que registran rendimientos crecientes, economías de escala y que cuentan con la capacidad para influir sobre el precio de las mercancías que elaboran, pueden obtener una mayor participación en el mercado internacional y, en consecuencia, poner en duda la conclusión de la teoría clásica con respecto a la generación de beneficios mutuos entre las naciones que participan en el comercio internacional.

Sobre los mercados de competencia imperfecta y el tamaño de las empresas, José Valenzuela[6] afirmó que la densidad del capital está influida por el tamaño de la empresa, es decir, por el volumen de sus activos fijos, el cual, a su vez, se va ampliando conforme opera el proceso de acumulación. Cuando la acumulación se presenta de manera acelerada, cabe esperar que el tamaño medio de las empresas vaya aumentando y, con ello, se fortalece un proceso de incorporación de tecnología más intensiva en capital; por su parte, la tecnología, se materializa en máquinas y equipos nuevos que se integran al proceso productivo. (Valenzuela, J. 2008)

En términos generales, y con objeto de indicar la pertinencia de la incorporación del concepto de la *renta económica internacional*

---

6 Investigador de la UAM-I.

como parte integrante de la explicación de los flujos de comercio internacional, vamos a considerar un ejemplo.

En este caso, dos naciones realizan operaciones comerciales, Estados Unidos (EUA) y México. Cada país, EUA y México cuentan con cierto nivel de productividad; vamos a suponer que la producción en EUA se realiza con un nivel de productividad superior al que se registra en México.

En virtud de lo anterior, y en función de su nivel de productividad, cada país cuenta con un precio, evidentemente, el precio en EUA será menor. En consecuencia, las empresas americanas tienen la posibilidad de obtener una ganancia extraordinaria a través del comercio internacional. Dabat y Rivera denominan a esta ganancia como *renta económica internacional.* (Dabat, A. y Rivera M. 2007).

La conformación de cadenas globales de valor promueve la participación simultánea de diversas economías nacionales, con capacidades particulares, en una renovada distribución internacional del trabajo, la que podríamos denominar *Distribución Global de la Producción.* Esta distribución global no es ajena a la naturaleza del sistema capitalista: la obtención de ganancias; en este caso, de sobreganancias globales.

Es oportuno señalar, que esta distribución global genera un efecto fundamental: la concurrencia de precios globales para una mayor cantidad de mercancías. Para continuar con la explicación de las sobreganancias globales, en su artículo, Dabat y Rivera retoman la obra de Kaplinsky.[7] El autor mencionado distingue dos etapas históricas, en la primera, se sientan las bases para que las naciones en desarrollo se integren a la globalización (en esta etapa se generaron oportunidades de creci-

---

7 Kaplinsky, R. (2005) *Globalization, Povertuy and Inequality*. Cambridge: Polity Press.

miento y reducción de la pobreza); mientras que en la segunda se consolida un aumento de la capacidad productiva mundial y un número creciente de productos se convierten en *commodities* (pierden la capacidad de generar rentas económicas).

Con base en estos postulados, podemos señalar que los productos homogéneos, como los *commodities,* no cuentan con la capacidad de generar rentas económicas porque, al tratarse de mercancías que no son diferenciadas, concurren a mercados bien identificados que convergen hacia el precio establecido en el mercado mundial.

De esta manera, los productos que en adelante llamaremos *mercancías comunes* tienen oportunidad de competir en el mercado internacional ajustándose, en buena medida, al precio negociado en los mercados internacionales, es en este contexto donde cobra importancia la aplicación de cierto tipo de políticas empresariales, como la discriminación de precios; es decir, concurrir en un mercado ofreciendo productos en condiciones de *dumping*.

Es oportuno indicar que la discriminación de precios es una política que se encuentra acorde con los postulados vertidos previamente porque, en términos estrictos, la discriminación de precios puede aumentar o disminuir el precio de un producto. Es en este sentido, cuando las empresas exportadoras concurren en mercados imperfectos ofreciendo productos diferenciados, están en condiciones de beneficiarse con la obtención de ganancias extraordinarias, a través de la renta internacional.

Sin embargo, en nuestro caso de estudio, el relativo a las prácticas desleales de comercio internacional, nos referimos al caso específico donde las empresas exportadoras destinan sus excedentes de producción a precios bajos, es decir, se trata de mercancías comunes que no generan rentas económicas, más bien, se trata de productos que son fabricados por empresas o industrias que generan economías de escala.

Con objeto de profundizar el análisis, en la sección próxima presentamos una explicación adicional, desde el punto de vista de la escuela neoestructuralista; en particular, consideramos que la pertinencia de incluir los postulados vertidos por esta escuela radica en valorar la visión que se tiene sobre el tema por parte de autores latinoamericanos.

d) Escuela Neoestructuralista

La escuela Neoestructuralista corresponde al pensamiento que se originó en el seno de la escuela Estructuralista, en particular, se dio a la tarea de analizar los cambios que ocurrieron en América Latina, y a nivel internacional, a partir de la década de los 80's, entre los que destacan: apertura comercial, movilidad internacional de capitales, privatización y desregulación en un contexto de relaciones más estrechas con el resto del mundo y de mayor integración regional.

Sin embargo, consideramos oportuno explicar, en primera instancia y en términos generales, qué es el Estructuralismo. Esta escuela se fundó, en la década de los 50's, en la Comisión Económica para América Latina y el Caribe (CEPAL),[8] bajo la dirección del economista argentino Raúl Prebisch.

El Estructuralismo sostiene que el funcionamiento de las economías es de naturaleza endógena, por lo que, la solución a sus problemas, en particular, en los países de América Latina está asociada con sus propias características estructurales; el Estructuralismo es célebre porque constituye un esfuerzo excepcional para crear pensamiento teórico sobre política económica en los países en desarrollo.

---

[8] Organismo dependiente de la Organización de las Naciones Unidas.

Es relevante enfatizar que el Estructuralismo es una escuela de pensamiento económico de corte heterodoxo y, en ese sentido, mantiene una política de diálogo abierto con otras escuelas heterodoxas, como Postkeynesianos, Shumpeterianos, Marxistas, Sraffianos o Neoricardianos, entre otros.

En particular, sobre las relaciones de comercio internacional, vamos a iniciar con los postulados originales vertidos por Raúl Prebisch, quién desde mediados del siglo pasado estudió el deterioro continúo que registra la relación real de intercambio de las economías especializadas en la producción de materias primas. El deterioro comercial está basado en que la demanda de productos manufacturados crece a un ritmo más acelerado que la demanda por materias primas. Con objeto de revertir esta tendencia, en la CEPAL se elaboró una propuesta teórica alternativa: el modelo de Industrialización por Sustitución de Importaciones (ISI).

Prebisch identificó la necesidad que tienen los países en desarrollo de realizar exportaciones de bienes industriales. Al respecto, advirtió sobre los límites del modelo ISI y señaló que existen condiciones previas a la exportación de bienes industriales que los países deben considerar, ya que requieren emprender actividades técnicamente complejas que exigen el uso intensivo de capital, así como mercados que permitan la rentabilidad de las inversiones efectuadas. (Gurrieri, A. 1982).

Para los países en desarrollo que sustituyeron importaciones, la colocación de sus productos en mercados de exportación resulta fundamental porque, por lo general, el tamaño de sus mercados domésticos es pequeño y solo permite la instalación de unidades productivas incapaces de generar economías de escala, por lo tanto, no cuentan con la capacidad de competir en el mercado mundial.

Prebisch analizó las barreas de corte arancelario y no arancelario que enfrentan las naciones en desarrollo. En su momento, los países enfrentaron la complejidad técnica de las negociaciones comerciales que se realizaron en el Acuerdo General sobre Aranceles Aduaneros y Comercio (GATT)[9] y en los cada vez más intensos procesos de negociación comercial de corte bilateral o regional.[10]

En el marco del modelo ISI, Prebisch también estudió que a medida que se sustituyen las importaciones de productos finales, surge la demanda de insumos y bienes de capital importados. Sus postulados mantienen su vigencia pues, a más de medio siglo de distancia, observamos que, en general, los países de América Latina conservan estructuras económicas sustentadas en la producción de *commodities*, con la consecuente dependencia de los mercados internacionales.

En particular, en el caso de la economía mexicana se puede afirmar que ha transitado hacia una economía productora de mercancías manufacturadas; sin embargo, sufre la problemática prevista por Prebisch, en relación con el crecimiento de las importaciones de insumos y bienes de capital que esta conversión productiva exige.

Los postulados de Prebisch resultan de particular relevancia en el estudio de las prácticas desleales de comercio internacional, pues las mercancías que son objeto de exportación en condiciones desleales corresponden a mercancías comunes, como sucede con un número significativo de productos que adquieren las industrias mexicanas como insumos, tal es el caso de las industrias siderúrgica y química.

---

9 A partir del 1 de enero de 1995, el GATT se transformó en la Organización Mundial del Comercio (OMC).

10 Para la década de los 60's, el proceso de integración más avanzado era el sistema de preferencias comerciales de la Comunidad Económica Europea.

Una vez que se explicaron los postulados generales del Estructuralismo, se procede a la introducción de los planteamientos teóricos vertidos por autores de la Escuela Neoestructuralista.

En primera instancia, es oportuno señalar que Mario Cimoli, economista argentino, afirmó que la brecha tecnológica entre países líderes y seguidores afecta la manera en que los países en desarrollo se insertan en el comercio internacional. La brecha tecnológica se refleja en asimetrías de productividad; estas asimetrías se traducen en menores niveles de competitividad, sobre todo en bienes intensivos en el uso de conocimientos. (Cimoli, M. 2015)

La problemática planteada causa, en buena medida, que los países en desarrollo alcancen un patrón de especialización con una baja representación de bienes intensivos en conocimientos; por lo anterior, el escaso crecimiento de los sectores intensivos en conocimiento promueve el incremento de la brecha tecnológica.

Con objeto de analizar la naturaleza de la brecha tecnológica, Osvaldo Sunkel, economista, de origen chileno, admitió que América Latina, en su momento, promovió una estrategia de crecimiento de tipo keynesiana, estimulando la demanda, pero descuidando la eficiencia productiva, al grado que la promoción de la demanda atentó contra la innovación, dando lugar a una actitud empresarial rentista, en lugar de fomentar un enfoque de corte shumpeteriano, donde los incentivos a la producción estimulan el aprendizaje tecnológico, la innovación y promueven un número creciente de empresarios. (Sunkel, O. 1991)

Los planteamientos de Sunkel guardan consistencia con las ideas que sostuvo Fernando Fajnzylber, otro de los economistas chilenos que ha influido de manera determinante sobre la escuela económica conformada en la CEPAL, quien pensaba que la preocupación por la eficiencia de la industria justifica la aplicación de políticas proteccionistas, sin abusar; es decir, la aplicación de dichas medidas debe ser analizada de manera cuidadosa, buscando proteger los niveles mínimos necesarios para mantener los costos de producción de la industria manufacturera. (Rodríguez, O. 2006)

Asimismo, Fajnzylber también admitió la relevancia que tiene el progreso técnico en la promoción del desarrollo. Para este autor, la actividad industrial constituye el ámbito esencial de la creatividad tecnológica.

Por su parte, Celso Garrido señaló que las políticas públicas deben identificar los potenciales de articulación de las economías latinoamericanas en las redes globales de producción, encabezadas por las empresas multinacionales. (Garrido, C. 2005)

Garrido identificó tres objetivos generales de política pública.

a) Promover la articulación de las empresas con el desarrollo de las economías nacionales.

Procurar el aumento de la demanda de cambios organizacionales en la producción, así como, de la gestión del conocimiento en la cadena de valor.

Asegurar la implementación de estas políticas en los niveles regionales y locales, creando un entorno favorable a la innovación.

b) Potenciar la relación entre ventajas competitivas y comparativas a favor de una mayor densidad económica nacional, regional y local.

Incrementar las ventajas comparativas: infraestructura, incentivos fiscales y un marco institucional adecuado (patentes, derecho de propiedad, entre otros).

Estimular las ventajas competitivas: promoción de cadenas productivas locales mediante el desarrollo de proveedores.

c) Promover la reinvención de las empresas en los países de América Latina.

Facilitar la segmentación de mercados.

Generar mecanismos de financiamiento para estimular la creación de conocimiento.

Apoyar el establecimiento de redes institucionales que potencialicen las ventajas competitivas y de localización.

Desde el punto de vista económico, las practicas consideradas como desleales de comercio internacional constituyen un reto de política económica pues, en la medida que sean atendidas las necesidades productivas señaladas y se consolide una integración de las cadenas globales de valor con las industrias nacionales, se contará con condiciones para competir exitosamente en la producción de insumos, inhibiendo el ingreso de importaciones en condiciones desleales, ya sea a través de prácticas de *dumping* o de subvenciones.

Sobre la escasa generación de políticas industriales que fomenten el desarrollo económico en América Latina, Jorge Katz afirmó que los casos de éxito en los países de la región para aumentar los niveles de productividad y creación de capacidades tecnológicas domésticas son excepcionales y reflejan, en buena medida, la falta de políticas activas de desarrollo productivo.

Por el contrario, los resultados obtenidos han sido originados por la adhesión que los gobiernos han tenido durante las dos últimas décadas a un régimen de política macroeconómica inspirado en el modelo Mundell-Fleming, donde la economía se describe con un algoritmo agregado de equilibrio que no presta atención a las fuertes diferencias de productividad entre ramas productivas y prioriza metas de inflación y tipo de cambio flexible, a partir de la llamada *impossible trinity* que sostiene que es imposible mantener la balanza de pagos y el nivel de precios interno en equilibrio, manejando simultáneamente el tipo de cambio y la tasa de interés. (Katz, J. 2016)

El régimen de política macroeconómica inspirado en dicho algoritmo promovió episodios recurrentes de apreciación cambiaria, obstaculizando la modernización productiva y los esfuerzos por generar nuevas tecnologías por parte de las empresas locales. Lejos de cerrar las brechas de productividad, las políticas económicas han propiciado que el aparato productivo, en la mayor parte de los países de América Latina, avance hacia un grado creciente de *commoditización* y a un mayor rezago tecnológico; esta condición es primordial para comprender la sobreoferta que se registra en los mercados internacionales de mercancías comunes, por lo que, de *facto*, se estimula la aplicación de prácticas desleales de comercio internacional.

Es oportuno señalar que, a diferencia del resto de los países de América Latina, donde se registró un proceso hacia la primarización de la economía, en el caso de México, el sector manufacturero alcanzó un proceso de crecimiento caracterizado por el aumento de las importaciones, lo que afectó la integración de cadenas productivas. Sin embargo, el aparato económico mexicano comparte la problemática descrita por Katz, acerca de la carencia de una política industrial que estimule la reducción de la brecha tecnológica.

Para Gereffi, la fase final del modelo ISI, especialmente en América Latina, se originó en la crisis petrolera de finales de los años 70's y la crisis de la deuda que caracterizó buena parte de la década de los 80's. El modelo ISI no consideró la generación de las divisas necesarias para pagar las importaciones cada vez más costosas, así como la deuda creciente. Cuando los países en desarrollo, bajo la presión del Fondo Monetario Internacional (FMI) y del Banco Mundial, transitaron hacia el modelo de Exportación Orientado hacia la industrialización, se registró una reorientación profunda en las estrategias de las empresas transnacionales. En este sentido, la expansión de las capacidades industriales, así como de las propensiones a exportar, de las economías recién industrializadas en los países del este de Asia y América Latina, permitió a las corporaciones transnacionales acelerar sus propios esfuerzos para subcontratar actividades relativamente estandarizadas, localizándolas en países con menores costos de producción; es precisamente este cambio en las estrategias de las empresas transnacionales lo que permitió el paso de ISI a EOI. (Gereffi, G. 2014)

Desde la perspectiva de la economía mexicana, caracterizada por una industria manufacturera orientada hacia el mercado internacional, las prácticas desleales de comercio internacional constituyen un área de oportunidad para la política pública, pues el sector exportador también se caracteriza por adquirir un parte significativa de sus insumos en los mercados internacionales, en ocasiones, recurriendo a prácticas desleales de comercio internacional, con el consecuente efecto negativo sobre las industrias nacionales que no han alcanzado un grado satisfactorio de integración con las cadenas globales de valor.

Ahora bien, como se explicó, el Neoestructuralismo es una escuela de pensamiento económico, de corte heterodoxo, con con influencias schumpeterianas. Al respecto, Mario Cimoli identificó la notable similitud entre el Neoestructuralismo con los postulados de desarrollo económico elaborados por Schumpeter. (Cimoli, M. 2013).

Para Schumpeter, el desarrollo se relaciona con la generación de innovaciones y sus efectos sobre la estructura productiva, mismos que influyen sobre la conformación de nuevos sectores, mientras que otros desaparecen bajo el impacto de la denominada *destrucción creadora*. Por su parte, los *clusters* o agrupamientos de innovaciones generan ciclos largos de crecimiento que alejan al sistema económico del flujo circular neoclásico o walrasiano.

Schumpeter afirmó que la aparición de imitadores y de innovaciones secundarias garantiza la continuidad del impulso innovador, así como la difusión de los incrementos de productividad hacia el conjunto del sistema económico. Gradualmente las utilidades monopolísticas obtenidas por los pioneros se diluyen, ya que la difusión de la tecnología va erosionando las asimetrías entre las empresas; asimismo, una reversión cíclica se produce por el agotamiento del ciclo de innovaciones, de manera que, con el tiempo, el flujo circular walrasiano vuelve a imponer su rutina de pequeños ajustes.

La visión cepalina converge con la schumpeteriana, ya que, en ambas, el desarrollo es impulsado por el cambio estructural. Sin embargo, el pensamiento cepalino introduce una nueva variable, pues supone que el proceso de destrucción creadora ocurre de manera polarizada, concentrando los efectos creadores sólo en partes de la economía mundial, es decir, en las economías desarrolladas y en algunos países exportadores.

La absorción del progreso técnico penetra solo en algunos eslabones de las cadenas productivas. Los aumentos de productividad y la diversificación se truncan rápidamente, dando lugar a la heterogeneidad estructural. Esta asimetría básica explica por qué la estructura que emerge en los países en desarrollo es heterogénea y se concentra en pocos bienes, generalmente con baja intensidad de conocimientos. Solo un número reducido de empresas, competitivas a nivel mundial, converge en productividad con los países desarrollados, pero la mayor parte de las firmas y el trabajo se encuentra *sumergido,* sin participar de los procesos de mayor generación de valor agregado.

Para el caso de México, se puede colegir que, a diferencia del resto de las naciones de América Latina, la economía mexicana está altamente integrada con los mercados internacionales, fundamentalmente, a través de la exportación de manufacturas; sin embargo, no se caracteriza por participar en actividades intensivas en conocimiento, ajustándose a los planteamientos de la escuela Neoestructuralista.

Asimismo, las industrias mexicanas, como la siderúrgica y la química, realizan importaciones sustanciales de mercancías comunes. En relación con los postulados teóricos analizados, se puede deducir que la competitividad de los productos comunes, lejos de estar asociada con el uso intensivo de conocimientos, se explica por su producción a través de economías de escala.

En conclusión, se considera fundamental la distinción entre productos diferenciados y mercancías comunes, así como la dinámica de los mercados en competencia imperfecta para comprender, desde el punto de vista económico, el tema relativo a las prácticas desleales de comercio internacional, en cualquiera de sus modalidades, *dumping* o subvenciones.

En los apartados próximos se presenta un análisis teórico – económico de ambas prácticas, iniciando con el *dumping* o discriminación de precios.

e) Discriminación de precios

En términos generales, la discriminación de precios se presenta cuando un agente económico vende una misma mercancía a precios diferentes a distintos compradores. Desde el punto de vista económico, establece que los productos son idénticos, aunque reconoce que puede haber diferencias mínimas y, entonces, estaríamos hablando de productos similares.[11]

Varian señala a la discriminación de precios como una práctica que se presenta en condiciones de competencia

---

[11] Al respecto, Koutsoyiannis presenta como ejemplo diferentes encuadernaciones de un libro.

imperfecta, de hecho, afirma que la discriminación de precios surge de manera natural cuando se estudia el monopolio. (Varian, H. 1992)

Por el contrario, cuando las empresas concurren en mercados con condiciones de competencia perfecta son precio-aceptantes, entonces, no es difícil arribar a la conclusión de que no cuentan con la capacidad suficiente para discriminar sus precios. En consecuencia, los supuestos de la teoría económica, para mercados con competencia perfecta, son los siguientes: mercancías idénticas y producidas al mismo costo, que se ofrecen a precios de mercado en función de las preferencias de los consumidores, de su nivel de ingreso, de su ubicación geográfica y de la disponibilidad de bienes sustitutos.

Koutsoyiannis identificó la existencia de dos condiciones necesarias para que los agentes económicos puedan instrumentar políticas de discriminación de precios: (Koutsoyiannis, A. 1985)

a. El mercado debe estar dividido o segmentado en submercados con diferentes elasticidades precio.

b. Debe existir una separación efectiva entre los submercados que impida la reventa de los productos.

Por su parte, Krugman condiciona la aplicación de prácticas de discriminación de precios a un par de requisitos: (Krugman, P. 2006)

a. La industria debe ser de competencia imperfecta (las empresas influyen en la fijación de precios).

b. Los mercados deben estar segmentados.

Con base en estos supuestos, se puede observar que cualquier empresa, que concurra en mercados imperfectos, tiene la opción de discriminar sus precios, con objeto de aumentar sus ingresos y maximizar sus utilidades. Tanto Koutsoyiannis, como Krugman, explican la práctica de discriminación de precios a través de modelos de competencia monopolística.

Como se puede observar en la Gráfica 4, Krugman explica que la empresa cubre la demanda nacional al precio (3), pero enfrenta un precio (1) menor en el mercado internacional, por lo que puede ofrecer el excedente de su producción, hasta que su costo marginal iguale al precio internacional.

Asimismo, es necesario que la firma produzca con economías de escala y, entonces, la magnitud de su volumen de producción le permite obtener costos unitarios tan bajos que, no sólo puede competir en el mercado internacional, además, está en condiciones de influir directamente sobre el precio del mercado mundial.

Con objeto de ejemplificar la práctica de discriminación de precios en el comercio internacional, se va a recurrir a la cuota compensatoria que México aplicó a las importaciones de sorbitol originarias de Francia.[12] Este país realizó exportaciones en 2007 a más de 60 naciones a precios que fluctuaron entre $0.51 dólares por kilogramo, hasta $2.70 dólares; el precio mínimo fue 81% inferior al nivel máximo registrado. En el Anexo I se presenta la relación completa de las ventas externas realizadas por Francia en 2007.

12 Tomado del DOF del 8 de octubre de 2009.

Gráfica 4. Discriminación de precios

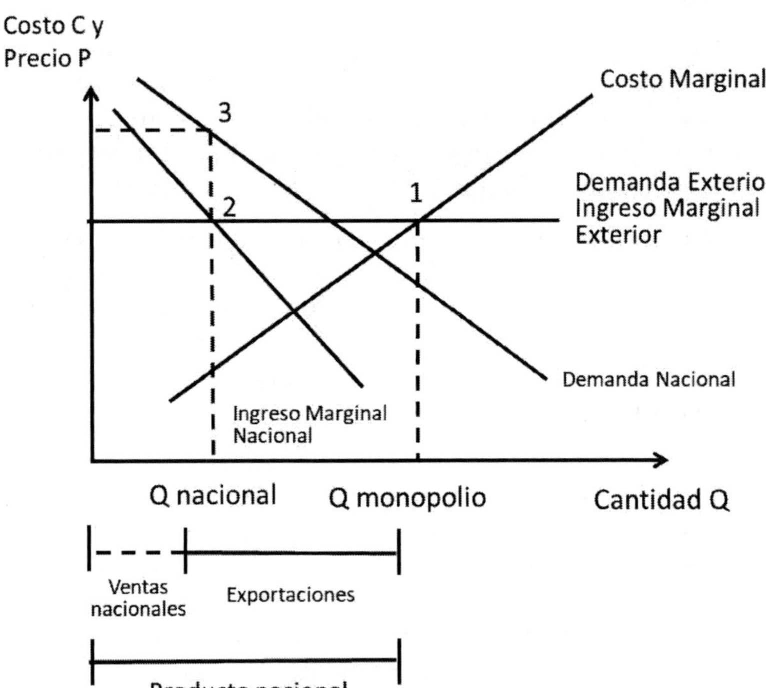

Fuente: Krugman, Paul R. *Economía internacional.* Madrid, Pearson, 2006, pág. 143.

En este caso, en el año 1990, la entonces Secretaría de Comercio y Fomento Industrial determinó la aplicación de una cuota compensatoria de $0.24 dólares por kilogramo, misma que se calculó a partir del precio de la empresa exportadora *Roquette Freres* en el mercado de Francia, de $0.65 dólares por kilogramo, y el precio de exportación a México de $0.41 dólares por kilogramo; es decir, una diferencia de aproximadamente 59%.

Las diferencias que se observan entre los precios de las exportaciones francesas reflejan que su producción cuenta con economías de escala y que su política de discriminación de precios responde a un objetivo de maximización de y utilidades.

De acuerdo con la información que publicó la Secretaría de Economía en 2009, la referencia del precio en Francia fue de $1.30 dólares por kilogramo, asimismo, a partir de las estadísticas de valor y volumen de las importaciones mexicanas de este origen (publicadas por la Secretaría) se estimó un precio promedio ponderado de $0.98 dólares por kilogramo (25% menor al precio en Francia).

Por otro lado, con base en las cifras de valor y volumen de las exportaciones francesas, se observó que el 61% del valor total de las exportaciones se destinó a países a los que se vendió a precios inferiores a $1.30 dólares por kilogramo; mientras que el 74% del volumen de las exportaciones francesas se dirigió hacia mercados que compraron el sorbitol a precios menores a $1.30 dólares por kilogramo.

En la publicación de la Secretaría se establece que, además de Francia, los principales productores de sorbitol son Alemania, Indonesia, EUA e Italia, por lo que es oportuno observar que las exportaciones hacia Italia y, sobre todo, a Alemania registraron precios menores a $1.30 dólares.[13] En virtud de lo anterior, podemos señalar que la política de discriminación de precios tiende a disminuir los precios en los países que cuentan con producción nacional.

Además de las conclusiones vertidas sobre la discriminación de precios, podemos agregar que naciones como México, que cuentan con un cierto nivel industrial en la mayor parte de los sectores económicos, resultan más atractivos para la introducción

---

13 Los precios a México y EUA que son mayores a $1.30 dólares no son representativos porque en ambos países se aplican cuotas compensatorias.

de mercancías a precios discriminados. Este riesgo es potencialmente superior porque la escala de producción de la mayor parte de los sectores nacionales es relativamente pequeña, en relación con los países desarrollados.

Es oportuno señalar que el sorbitol es un alcohol hexahídrico (poliol) que se encuentra presente en varias frutas y que a escala industrial se obtiene a partir de la hidrogenación de la D-glucosa. Las propiedades funcionales del sorbitol (humectante, estabilizador, suavizante, emulsificante y agente de cuerpo), lo hacen útil para diversas aplicaciones en las industrias farmacéutica, alimenticia, química y de cuidado personal. En particular, se usa como insumo en la fabricación de productos dentífricos y otros productos para el enjuague bucal; también se emplea como edulcorante y en la producción de comida procesada, confitería, pasta de dientes, otros productos para el cuidado personal y en la elaboración de vitamina C.[14]

Con base en este ejemplo, contamos con elementos para elaborar algunas conclusiones que pueden hacerse extensivas a las mercancías comunes cuando se realice el análisis correspondiente: el sorbitol es una mercancía común en tanto que no es un producto diferenciado, es un producto elaborado por empresas que concurren en mercados de competencia imperfecta, su fabricación genera economías de escala; pero sobre todo, el sentido que toma la política de discriminación de precios implementada por la empresa francesa está en función de la existencia de producción nacional en el mercado del país importador.

---

[14] Párrafos 13 y 16 de la resolución final del examen de vigencia de la cuota compensatoria impuesta a las importaciones de sorbitol grado USP, originarias de la República Francesa (DOF del 8 de octubre de 2009).

En particular, la existencia de producción nacional en el país importador constituye una variable primordial pues, precisamente esta condición es la que permite que la importación de mercancías objeto de *dumping* pueda originar efectos negativos, reales y potenciales, sobre los indicadores económicos y financieros de la rama de producción nacional; de manera que, la introducción de mercancías a precios *dumping* se configura como una práctica desleal de comercio internacional.

f) Subvenciones

El Acuerdo sobre Subvenciones y Medidas Compensatorias establece, en su artículo 1.1, los apoyos gubernamentales que considera como subvenciones.

1.1 A los efectos del presente Acuerdo, se considerará que existe subvención:

> a) 1) cuando haya una contribución financiera de un gobierno o de cualquier organismo público en el territorio de un Miembro (denominados en el presente Acuerdo "gobierno"), es decir:
>
> i) cuando la práctica de un gobierno implique una transferencia directa de fondos (por ejemplo, donaciones, préstamos y aportaciones de capital) o posibles transferencias directas de fondos o de pasivos (por ejemplo, garantías de préstamos);
>
> ii) cuando se condonen o no se recauden ingresos públicos que en otro caso se percibirían (por ejemplo, incentivos tales como bonificaciones fiscales);
>
> iii) cuando un gobierno proporcione bienes o servicios -que no sean de infraestructura general- o compre bienes;
>
> iv) cuando un gobierno realice pagos a un mecanismo de financiación, o encomiende a una entidad privada una o varias de las funciones descritas en los incisos i) a iii) supra que normalmente incumbirían al gobierno, o le ordene que las lleve

a cabo, y la práctica no difiera, en ningún sentido real, de las prácticas normalmente seguidas por los gobiernos;

o

a) 2) cuando haya alguna forma de sostenimiento de los ingresos o de los precios en el sentido del artículo XVI del GATT de 1994;

y

b) con ello se otorgue un beneficio.

Por su parte, la literatura económica se ha concentrado en el análisis de los subsidios a la exportación. Krugman define a los subsidios a la exportación como un pago que se realiza a una empresa o individuo que vende un bien en el extranjero. Igual que un arancel, una subvención puede ser fija, una cantidad fija por unidad, o *ad valorem*, un porcentaje sobre el valor exportado. Cuando un Estado ofrece un subsidio a la exportación, los productores venderán la mercancía hasta el punto en que los precios nacionales excedan a los extranjeros en la cuantía equivalente al subsidio (Krugman, P. 2016)

Asimismo, Krugman identificó los efectos de un subsidio a la exportación sobre los precios, tal como se presenta en la Gráfica 5.

El subsidio a la exportación incrementa el precio en el país de origen, de PM a PS, PM es el precio mundial; por el contrario, lo disminuye en el mercado del país importador de PM a PS*. En el mercado del país exportador, los consumidores resultan perjudicados **(áreas** a + b), los productores ganan **(áreas** a + b + c), y el Estado pierde porque gasta dinero en el subsidio **(áreas** b + c + d + e + f + g); en consecuencia, la pérdida neta de bienestar es la suma de las áreas b + d + e + f + g, además, el subsidio a la exportación afecta negativamente a la relación de intercambio del país exportador, pues disminuye el precio de sus envíos al exterior.

Gráfica 5. Efectos de un subsidio a la exportación

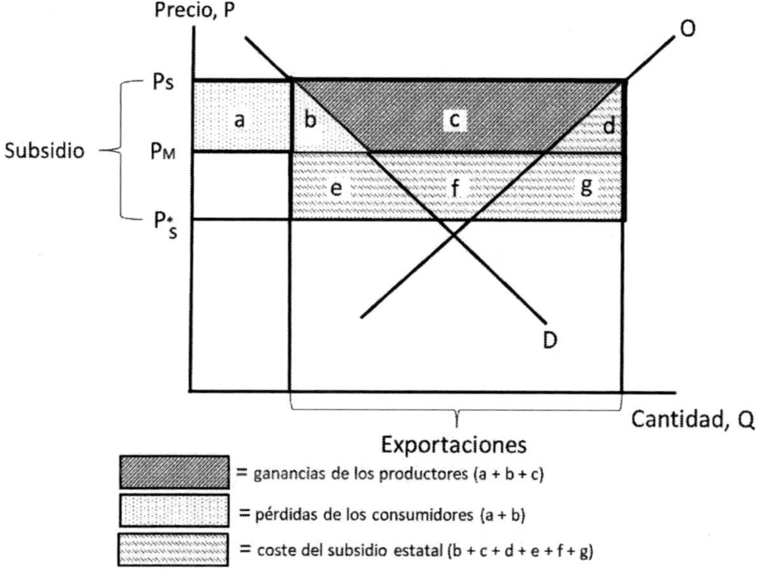

Fuente: Krugman, Paul R. *Economía internacional.* Madrid, Pearson, 2006, pág. 206.

Capítulo II. Carácter jurídico de las prácticas desleales de comercio internacional

El objetivo general de este capítulo es presentar una explicación de las condiciones previstas en la legislación, nacional e internacional, que permiten la determinación de la discriminación de precios y subvenciones en prácticas desleales de comercio internacional.

II.1 LEGISLACIÓN NACIONAL E INTERNACIONAL

De acuerdo con la legislación nacional e internacional, existen dos modalidades de prácticas desleales de comercio internacional, el *dumping* o discriminación de precios y las subvenciones; sin embargo, es importante señalar, desde un principio, que estás prácticas económicas solo pueden adquirir el carácter de desleal cuando se cumplen las previsiones que específicamente se establecen para tal efecto.

La normatividad interna data de 1993, cuando se publicó en el Diario Oficial de la Federación (DOF), la Ley de Comercio Exterior (LCE) y su Reglamento (RLCE).[15]

---

15 La LCE se publicó en el DOF el 27 de julio de 1993 y su última reforma se publicó el 21 de diciembre de 2006. Por su parte, el RLCE se publicó en el DOF el 30 de diciembre de 1993 y su última reforma se publicó el 29 de diciembre de 2000.

La publicación de este cuerpo normativo está relacionada con las necesidades que implicaba la evidente entrada en vigor del Tratado de Libre Comercio de América del Norte (TLCAN).[16] Asimismo, es pertinente señalar que el TLCAN fue sustituido por el Tratado México, Estados Unidos y Canadá (T-MEC), el 1 de julio de 2020.

Con la publicación de la LCE se abrogó la Ley Reglamentaria del Artículo 131 de la Constitución Política de los Estados Unidos Mexicanos en Materia de Comercio Exterior, publicada en el DOF el 13 de enero de 1986.[17]

En el caso de la Ley Reglamentaria del Artículo 131 de la Constitución Política de los Estados Unidos Mexicanos en Materia de Comercio Exterior, su publicación también estuvo relacionada con los requerimientos que exigía el ingreso de México al Acuerdo General sobre Aranceles Aduaneros y Comercio de 1994 (GATT), el 24 de agosto de 1986.

Con base en lo anterior, podemos señalar que antes de la entrada en vigor de la LCE y del RLCE, la normatividad nacional descansaba sobre el Artículo 131 de la Constitución Política de los Estados Unidos Mexicanos, que a la letra dice:

> **Artículo 131.** Es facultad privativa de la Federación gravar las mercancías que se importen o exporten, o que pasen de tránsito por el territorio nacional, así como reglamentar en todo tiempo y aún prohibir, por motivos de seguridad o de policía, la circulación en el interior de la República de toda clase de efectos, cualquiera que sea su procedencia; pero sin que la

---

16 El TLCAN suscrito por Canadá, Estados Unidos de América y México entró en vigor el 1 de enero de 1994.

17 La abrogación de la Ley Reglamentaria del Artículo 131 de la Constitución Política de los Estados Unidos Mexicanos en Materia de Comercio Exterior está contenida en el Segundo Artículo transitorio de la LCE publicada el 27 de julio de 1993.

> misma Federación pueda establecer, ni dictar, en el Distrito Federal, los impuestos y leyes que expresan las fracciones VI y VII del artículo 117.
>
> El Ejecutivo podrá ser facultado por el Congreso de la Unión para aumentar, disminuir o suprimir las cuotas de las tarifas de exportación e importación, expedidas por el propio Congreso, y para crear otras; así como para restringir y para prohibir las importaciones, las exportaciones y el tránsito de productos, artículos y efectos, cuando lo estime urgente, a fin de regular el comercio exterior, la economía del país, la estabilidad de la producción nacional, o de realizar cualquiera otro propósito, en beneficio del país. El propio Ejecutivo al enviar al Congreso el Presupuesto Fiscal de cada año, someterá a su aprobación el uso que hubiese hecho de la facultad concedida.

En consecuencia, con objeto de operar la aplicación de este artículo, ante el evidente ingreso de México al GATT, se publicó su ley reglamentaria.

Por otro lado, la legislación internacional emana del Acuerdo General sobre Aranceles Aduaneros y Comercio de 1994 (GATT),[18] que dio origen a la Organización Mundial de Comercio (OMC) el 1 de enero de 1995.

En particular, la normatividad relativa a las prácticas desleales de comercio internacional está comprendida en dos Acuerdos. La determinación de las importaciones objeto de *dumping* está contemplada en el Artículo VI del GATT de 1994 y su reglamentación está expresamente prevista en el Acuerdo relativo a la Aplicación del Artículo VI del Acuerdo General sobre Aranceles Aduaneros y Comercio de 1994 (conocido como Acuerdo Antidumping); por su parte, la determinación de las prácticas de subvención se establece en el Acuerdo sobre Subvenciones y Medidas Compensatorias.

---

[18] En inglés: General Agreement on Tariffs and Trade (GATT).

Jorge Witker[19] señaló que el Acuerdo Antidumping rescata los compromisos del artículo VI del GATT de 1947, así como los trabajos de las Rondas Kennedy y Tokio. Su objetivo consiste en evitar que las prácticas de dumping constituyan un obstáculo al comercio internacional, estableciendo que los derechos antidumping sólo pueden aplicarse cuando el dumping cause daño a un sector de la producción nacional del país importador. (Witker, J. 2011)

Con objeto de profundizar sobre la legislación internacional, elaborada en el seno del GATT, es relevante explicar que el GATT es un tratado multilateral (que tiene su origen en 1948) firmado por la necesidad de normar el comercio y las concesiones arancelarias. En principio, el GATT fue parte del plan de regulación de la economía mundial establecido en la segunda posguerra e incluía la reducción de aranceles y medidas no arancelarias.

Entre 1948 y 1994 los países Miembros del GATT participaron en rondas de negociación que concluyeron con el establecimiento del denominado GATT de 1994, así como del Acuerdo General sobre el Comercio de Servicios (GATS). En términos generales, podemos señalar que la OMC incluye al GATT y al GATS. En el Cuadro 4 se presentan las rondas de negociación del GATT.

La creación de la OMC quedó plasmada en el Acuerdo de Marrakech (15 de abril de 1994). En México, su fundación se plasmó en el Decreto de promulgación del Acta Final de la Ronda Uruguay de Negociaciones Comerciales Multilaterales; este decreto fue publicado en el DOF el 30 de diciembre de 1994.

El Acuerdo de Marrakech reconoce, como punto de partida, que las relaciones económicas (particularmente las de

---

19 Investigador del Instituto de Investigaciones Jurídicas de la UNAM.

corte comercial) deberían incrementar los niveles de vida, el empleo, los ingresos reales, la demanda efectiva, la producción y el comercio de bienes y servicios, promoviendo la utilización óptima de los recursos mundiales y el desarrollo sostenible.

También reconoce a la OMC como el marco institucional común para el desarrollo de las relaciones comerciales entre las naciones Miembros. Asimismo, considera la necesidad de realizar esfuerzos conjuntos para que los países en desarrollo, y especialmente los menos adelantados, obtengan una parte del incremento del comercio internacional que responda a las necesidades de su desarrollo económico.

Cuadro 4 Rondas de negociación del GATT

Año	Lugar/denominación	Temas	Países
1947	Ginebra	Aranceles	23
1949	Annecy	Aranceles	13
1951	Torquay	Aranceles	38
1956	Ginebra	Aranceles	26
1960-61	Ginebra (Ronda Dillon)	Aranceles	26
1964-67	Ginebra (Ronda Kennedy)	Aranceles y medidas antidumping	62
1973-79	Ginebra (Ronda Tokio)	Aranceles y medidas no arancelarias	102
1986-94	Ginebra (Ronda Uruguay)	Aranceles y medidas no arancelarias, normas, servicios, propiedad intelectual, solución de diferencias, textiles, agricultura y creación de la OMC	123

Fuente: OMC

Como resultado de la Ronda Uruguay, el GATT de 1994, se establecieron una serie de acuerdos adicionales al Acuerdo Antidumping (AAD) y al Acuerdo sobre Subvenciones y Medidas Compensatorias (ASMC); entre los que destacan los siguientes:[20]

---

20 Organización Mundial del Comercio [en línea], <https://www.wto.org/spanish/docs_s/legal_s/legal_s.htm#GATT94>, [consulta: 31 de marzo de 2023].

a. Agricultura
b. Medidas Sanitarias y Fitosanitarias
c. Obstáculos Técnicos al Comercio
d. Medidas en materia de Inversiones relacionadas con el Comercio
e. Valoración en Aduana
f. Inspección previa a la Expedición
g. Normas de Origen
h. Trámite de Licencias de Importación
i. Salvaguardias
j. Facilitación del Comercio
k. Acuerdo General sobre el Comercio de Servicios
l. Acuerdo sobre los Aspectos de los Derechos de Propiedad Intelectual relacionados con el Comercio
m. Entendimiento sobre solución de diferencias
n. Mecanismo de Examen de las Políticas Comerciales

El principio básico de la OMC es el relativo a la Nación Más Favorecida (NMF) que garantiza la reciprocidad entre los Miembros. En virtud de este principio, las naciones no pueden otorgar tratos discriminatorios entre sí. Sin embargo, la OMC permite ciertas excepciones cuando, por ejemplo, algunos Miembros establecen entre sí Tratados de Libre Comercio de corte "plurilateral" que se aplican únicamente a los productos objeto de comercio dentro del grupo y, en consecuencia, discriminan *positivamente* a las importaciones originarias de las Partes contratantes de dichos Acuerdos (también conocidos como socios comerciales).

La OMC cuenta con 164 países miembros y 25 naciones en calidad de observadores. En el Anexo II se presenta la relación completa.[21]

Una vez que se ha presentado un panorama general sobre la legislación relativa a la determinación de las prácticas desleales de comercio internacional, las secciones próximas de este capítulo tienen por objeto elaborar una explicación integral de las disposiciones jurídicas que se atienden en los procedimientos administrativos correspondientes; es decir, procedimientos antidumping y antisubvenciones.

II.2 CONCEPTOS FUNDAMENTALES

El análisis para determinar la existencia de prácticas desleales de comercio internacional exige tres componentes, la ausencia de cualquiera, impediría concluir sobre la existencia de la práctica.

Las prácticas desleales, en su modalidad de *dumping*, requieren de la cuantificación de un determinado margen de discriminación de precios, el registro de daño por parte de los indicadores económicos y financieros de la rama de producción nacional del producto similar al importado y existencia de una la relación de causalidad entre el *dumping* y el daño.

Por su parte, en el caso de las subvenciones se necesita determinar un margen de subvención, así como daño a la rama de la producción nacional del producto similar al investigado y la relación de causalidad; es decir, el análisis relativo al daño a

---

[21] Organización Mundial del Comercio [en línea], <https://www.wto.org/spanish/thewto_s/whatis_s/whatis_s.htm>, [consulta: 17 de marzo de 2023].

la industria nacional y la causalidad son comunes en las investigaciones antidumping y antisubvención.

Sin embargo, con objeto de contar con los elementos suficientes para realizar el análisis relativo a los tres elementos mencionados, es preciso elaborar explicaciones previas en torno a tres conceptos que resultan relevantes. En primer término, resulta fundamental comprender la cobertura de los productos importado y nacional.

a) Producto investigado, idéntico y similar

Las categorías correspondientes a producto investigado, idéntico y similar son empleadas a lo largo de la legislación nacional e internacional, por ello, resulta primordial comprender, en primer término, cada una, ya que son, de *facto*, el punto de partida de un procedimiento contra la importación de mercancías objeto de prácticas desleales de comercio internacional.

En primera instancia, definimos al producto investigado, como el producto importado en condiciones desleales; como ejemplo, se presenta el producto investigado de la investigación antidumping contra las importaciones de ferromanganeso, originarias de India.[22]

En este caso, la mercancía objeto de investigación es el ferromanganeso, el cual es una ferroaleación de manganeso y hierro, que normalmente contiene pequeños porcentajes de silicio, carbón, fósforo y azufre; comercialmente se le conoce como ferromanganeso alto carbón.

---

[22] Tomado de la Resolución de Inicio, publicada en el DOF del 14 de marzo de 2022.

Es decir, el producto investigado corresponde al ferromanganeso originario de India. Este producto ingresa al territorio nacional a través de una fracción arancelaria. En el Cuadro 5 se presenta la clasificación arancelaria del ferromanganeso.

Cuadro 5 Clasificación arancelaria del ferromanganeso

Clasificación	Descripción
Capítulo 72	Fundición, hierro y acero
Partida 7202	Ferroaleaciones.
Subpartida de primer nivel	- Ferromanganeso.
Subpartida de segundo nivel 7202.11	— Con un contenido de carbono superior al 2% en peso.
Fracción 7202.11.01	Con un contenido de carbono superior al 2% en peso.
Número de Identificación Comercial NICO 7202.11.01.00	Con un contenido de carbono superior al 2% en peso.

Fuente: Sistema de Información Arancelaria Vía Internet (SIAVI).

Invariablemente, el producto investigado ingresa al territorio del país importador a través de una fracción o código arancelario. En el caso de México, la clasificación arancelaria del universo de productos sujetos a operaciones de comercio exterior se establece en la Tarifa de la Ley de los Impuestos Generales de Importación y de Exportación (TIGIE), que se publica en el DOF.

A nivel internacional, la clasificación arancelaria se ajusta a la codificación del Sistema Armonizado; al respecto, es oportuno indicar que dicha codificación es común para los primeros tres pares de códigos, es decir, Capitulo, Partida y Subpartida.

En principio, la relevancia de la clasificación arancelaria radica en que permite el registro correcto de las estadísticas comerciales, tanto de exportación, como de importación, siendo estás últimas un insumo fundamental para desahogar cualquier procedimiento por prácticas desleales de comercio internacional.

Por su parte, las categorías de producto idéntico o similar corresponden a la mercancía de fabricación nacional que eventualmente resulta afectado por el ingreso de las importaciones en condiciones desleales.

En este sentido, la legislación prevé que la rama de producción nacional que puede resultar afectada por el ingreso de importaciones en condiciones desleales elabora mercancías idénticas o similares al producto investigado.

El artículo 37 del RLCE define a los productos idénticos o similares en los términos siguientes:

> I. Mercancías idénticas, los productos que sean iguales en todos sus aspectos al producto investigado, y
>
> II. Mercancías similares, los productos que, aun cuando no sean iguales en todos los aspectos, tengan características y composición semejantes, lo que les permite cumplir las mismas funciones y ser comercialmente intercambiables con los que se compara.

Una vez que se ha explicado, por un lado, al producto investigado o importado, y por otro, a las mercancías de producción nacional idénticas o similares al producto objeto de investigación, es importante analizar el término Rama de Producción Nacional, tomando en cuenta que esta rama es la productora del producto idéntico o similar.

b) Rama de producción nacional

Considerando que la industria productora de la mercancía idéntica o similar al producto investigado es afectada por el ingreso de importaciones en condiciones desleales, es oportuno señalar que es justamente la producción nacional del país importador la que, por lo regular, solicita el inicio de la investigación contra las importaciones desleales, ante la Autoridad Investigadora, en el caso de México, ante la Secretaría de Economía. [23]

Como ya se explicó, la rama de producción nacional es la fabricante de la mercancía idéntica o similar al producto investigado. En consecuencia, la rama de producción nacional incluye, de manera *ideal*, al total de los productores del bien idéntico o similar que sufren los efectos negativos originados por el ingreso de las importaciones en condiciones desleales.

Sin embargo, los artículos 4.1 del AAD y 16.1 del ASMC establecen que la rama de la producción nacional también puede estar representada por una *proporción importante de la producción nacional total.*

El artículo 50 de la LCE complementa la interpretación del AAD al cuantificar que las Partes Solicitantes de un procedimiento contra prácticas desleales de comercio internacional deben representar por lo menos el 25% de la producción total; sin embargo, el artículo 63 del RLCE señala que cuando las Solicitantes no representen el 100% de la producción nacional total, éstas deben presentar la información de la producción nacional total, porque la Autoridad Investigadora debe asegurarse de que la determinación de daño sea representativa de la situación de la producción nacional total.

Ahora bien, ya que contamos con una estructura general de los elementos que implican los supuestos fundamentales para realizar el análisis relativo a la existencia de la práctica desleal de comercio internacional, es importante delimitar los periodos que serán considerados a lo largo de las investigaciones antidumping y antisubvención.

---

[23] La LCE, en el artículo 49, prevé la posibilidad de que la Autoridad Investigadora decida iniciar de oficio procedimientos antidumping cuando, en circunstancias especiales, tenga pruebas suficientes de la discriminación de precios, del daño y de la relación causal.

c) Periodo investigado y analizado

En una investigación contra importaciones objeto de prácticas desleales de comercio internacional se consideran dos periodos, el investigado y el analizado.

El periodo investigado es el lapso que se determina para analizar si las importaciones que ingresaron al mercado nacional fueron realizadas en condiciones de *dumping* o de subvención, según sea el caso.

Para determinar el periodo investigado, la Autoridad Investigadora toma en cuenta la propuesta que presenta la Parte Solicitante del inicio del procedimiento antidumping. El artículo 76 del RLCE señala que este periodo será normalmente de un año y nunca será menor a seis meses.

Por su parte, el periodo analizado se establece con el objetivo de comprobar la existencia de daño sobre los indicadores económicos y financieros de la rama de producción nacional, de manera que, inicia antes del periodo investigado y ambos periodos concluyen al mismo tiempo.

En la Imagen 1 se presenta un ejemplo de periodo investigado y analizado. En este caso, el *dumping* o la subvención se determina a partir de las importaciones del producto investigado efectuadas en 2023; mientras que el daño se determina empleando la información proporcionada por la rama de producción nacional correspondiente a 2021, 2022 y 2023.

La metodología de análisis emplea información de dos años previos al periodo investigado como punto de referencia de la situación que registraba la rama de producción nacional antes del ingreso de las importaciones en condiciones desleales. De esta manera, se procede a evaluar la existencia de efectos negativos sobre los indicadores económicos y financieros de las empresas que componen a la rama de producción nacional.

Imagen 1 Ejemplo de periodo investigado y analizado

2021	2022	2023
Periodo analizado: Determinación del daño		
		Periodo investigado: Determinación de *dumping* o subvenciones

Fuente: Elaboración propia.

De manera adicional, el artículo 77 del RLCE señala que, para efectos de la determinación de daño, la Autoridad Investigadora puede requerir a la producción nacional información de hasta cinco años anteriores a la presentación de su solicitud de inicio del procedimiento en materia de prácticas desleales de comercio internacional.

Con la explicación relativa a los periodos, investigado y analizado, se concluye la presentación de los conceptos necesarios para realizar al análisis sustantivo de la práctica desleal. En virtud de lo anterior, es importante recordar los tres elementos que jurídicamente se requieren para determinar la existencia de la práctica desleal: 1) la determinación de un margen de dumping o de subvención, según sea el caso, 2) daño a la rama de producción nacional del producto similar al investigado y 3) la presencia de una relación causal que exige sustentar que el ingreso de las importaciones en condiciones desleales causó el daño a la industria nacional.

II.3 DETERMINACIÓN DE LAS PRÁCTICAS DESLEALES DE COMERCIO INTERNACIONAL

La legislación nacional e internacional establece, de manera expresa, que para determinar la existencia de la práctica desleal de comercio internacional se requiere invariablemente la estimación de un margen de *dumping* o de subvenciones, daño y relación causal.

Solo cuando se realiza una investigación antidumping o antisubvención y se concluye la existencia de los tres elementos mencionados, se puede imponer el pago de una cuota compensatoria al ingreso de las importaciones del producto investigado; tal como se presenta en la Imagen 2.

Imagen 2 Elementos requeridos para imponer una cuota compensatoria

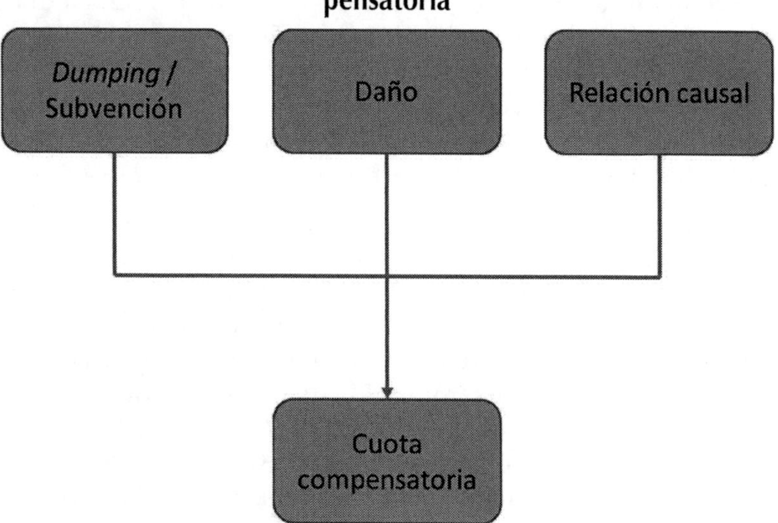

Fuente: Elaboración propia.

En las secciones próximas se presentan explicaciones específicas sobre estas categorías: *dumping*, subvenciones, daño, relación causal y cuotas compensatorias.

a) Dumping

El AAD señala a la discriminación de precios como la introducción de una mercancía en el mercado del país importador a un precio de exportación inferior a su valor normal.

En particular, el artículo 2.1 del AAD define al dumping de la siguiente manera:

> 2.1 A los efectos del presente Acuerdo, se considerará que un producto es objeto de dumping, es decir, que se introduce en el mercado de otro país a un precio inferior a su valor normal, cuando su precio de exportación al exportarse de un país a otro sea menor que el precio comparable, en el curso de operaciones comerciales normales, de un producto similar destinado al consumo en el país exportador.

A partir de la comparación equitativa entre el Precio de Exportación (PE) y el Valor Normal (VN), se cuenta con los elementos requeridos para calcular un Margen de *Dumping* (MD), que es la cuantificación de la discriminación de precios. Por lo regular, el margen de *dumping* se expresa porcentualmente, aunque también puede ser calculado en términos monetarios (dólares por unidad); por ejemplo, en el citado caso de ferromanganeso, se estimó un margen de discriminación de precios de 38.38%.[24]

En la Ecuación **3** siguiente se presenta la fórmula para calcular el MD:

$$MD = [(VN - PE) / PE] \times 100 \qquad \text{Ecuación 4}$$

La comparación equitativa entre precio de exportación y valor normal se refiere a que ambos precios deben considerarse en el mismo nivel comercial, normalmente, la comparación se realiza a nivel *ex fábrica.*

El artículo 2 del AAD contiene toda la metodología establecida para la determinación de la existencia de *dumping*. En términos generales, este artículo contempla las metodologías

---

24 Tomado de la Resolución preliminar, publicada en el DOF del 1 de septiembre de 2022.

alternativas que pueden aplicarse tanto para el cálculo del precio de exportación, como para el valor normal.

El precio de exportación se calcula como el promedio ponderado de los precios pagados por las importaciones de la mercancía investigadas que ingresan al mercado del país importador.

Sobre el valor normal, el AAD establece que deberá ser estimado a partir de ventas efectuadas en el curso de operaciones comerciales normales en el mercado interno del país exportador. En términos generales, esta condición exige una cantidad mínima y suficiente de las ventas realizadas en el mercado doméstico del país exportador; por lo regular, se requiere que las ventas internas de la empresa exportadora representen, al menos, el 5% de las ventas efectuadas al país importador.

Sin embargo, el artículo 2.2 del AAD prevé que cuando a causa de una situación especial del mercado o del bajo volumen de las ventas en el mercado interno del país exportador, tales ventas no permitan una comparación adecuada, entonces el valor normal se puede estimar con base en dos metodologías alternativas: 1) empleando un precio comparable del producto investigado que se exporte hacia un tercer país importador apropiado, a condición de que este precio sea representativo, o 2) a través del cálculo del costo de producción en el país de origen más una cantidad razonable por concepto de gastos administrativos, de venta y utilidades.

Las metodologías alternas que se emplean para estimar el valor normal consideran la existencia de naciones con economías de no mercado,[25] puesto que las ventas que se pudieran realizar del producto objeto de *dumping* no se efectúan en el

---

25 La condición de mercado de cada Miembro se encuentra en su Protocolo de Adhesión.

curso de operaciones comerciales normales y, en consecuencia, la determinación de *dumping* puede invocar la figura de un tercer país o país sustituto.

Por ejemplo, presentamos la determinación de valor normal, en la investigación antidumping contra las importaciones de aceros planos recubiertos, originarias de la República Popular China y el Taipéi Chino (Taiwán).[26]

En dicha investigación se consideró a China como economía de no mercado, por lo que la Secretaría de Economía empleó a Brasil como país sustituto, por los motivos expuestos en los párrafos 223 y 224 de la Resolución final publicada el 5 de junio de 2017.

> 223. La Secretaría valoró la propuesta de los Solicitantes y observó que, de acuerdo a información del CRU, tanto Brasil como China son de los principales productores de aceros planos recubiertos; la mercancía que se fabrica en ambos países comparte los mismos usos finales y son similares en sus principales características; tanto en China como en Brasil los principales productores de acero están integrados lo que les permite iniciar su proceso de producción a partir de la extracción en minas de sus principales insumos para seguir con las fases subsecuentes en el proceso productivo hasta llegar a los aceros planos recubiertos. De acuerdo con información del World Steel Association (WSA) en Brasil y China se fabrica el acero con el proceso BOF (por las siglas en inglés "Basic Oxygen Furnace") con un 73% y 91% de participación en la producción para cada país, respectivamente.
>
> 224. Asimismo, de acuerdo con la publicación "Steel Sheet Products Market Outlook 2015" que publica el CRU, en ambos países

---

[26] Resolución final de la investigación antidumping sobre las importaciones de aceros planos recubiertos, originarias de la República Popular China y el Taipéi Chino, publicada en el DOF el 5 de junio de 2017.

> existen plantas con capacidad de producción de aceros planos recubiertos similares; de acuerdo cifras estadísticas de la producción del mineral hierro de la WSA, así como datos de producción de carbón y energía eléctrica que publica la compañía British Petroleum para 2014 se observó que Brasil y China tienen acceso a los principales insumos para fabricar los aceros planos recubiertos; ambos países pertenecen a los BRICS (por las iniciales de Brasil, Rusia, India y China) y de acuerdo con estadísticas del Banco Mundial existe una similitud en la estructura productiva sectorial entre ambos países. Las exportaciones brasileñas de aceros planos recubiertos no están sujetas a cuotas compensatorias en otros países

Es decir, la determinación del país sustituto descansa sobre los elementos objetivos que dan sustento de las condiciones de similitud que existen entre las industrias exportadoras del país investigado (en este caso China) y la del país sustituto (Brasil).

Con independencia de la metodología empleada para estimar el valor normal, el artículo 2.4.2 del AAD establece que la comparación equitativa, entre precio de exportación y valor normal, se debe realizar con base en los promedios ponderados de las operaciones consideradas para el cálculo del valor normal y el precio de exportación.[27]

El resultado del análisis de discriminación de precios es el denominado *margen de dumping*, que, como ya se indicó, puede expresarse en términos porcentuales o específicos. Al respecto, es relevante hacer una acotación: para que este margen de *dumping* pueda calificar como causa importante del daño a la rama de producción nacional, debe ser superior al nivel de *minimis*.[28]

---

[27] El propio artículo 2.4.2 también establece que la comparación podrá efectuarse a partir de un promedio ponderado del valor normal con respecto a cada una de las transacciones registradas en la estimación del precio de exportación.

[28] El artículo 5.8 del AAD establece como nivel de minimis a márgenes de dumping inferiores a 2%.

De cualquier manera, la Autoridad Investigadora determinará el margen de *dumping* a partir de la mejor información disponible que, en principio, corresponde a la información original que aportan las empresas exportadoras sobre el valor y volumen de las ventas que efectuaron en su mercado interno a lo largo del periodo investigado; con base en las cifras que presentan las empresas comparecientes al procedimiento, la Autoridad Investigadora estará en condiciones de calcular un margen de *dumping* para cada empresa.

En el ejemplo que presentamos, la secretaria de Economía determinó márgenes de *dumping* para las empresas exportadoras que se mencionan a continuación: *de 22.22% para las importaciones provenientes de Baoshan; de 51.19% para las importaciones provenientes de Beijing Shougang; de 68.97% para las importaciones de Shougang Jingtang, y de 76.33% para las importaciones provenientes de Tangshan y de las demás empresas exportadoras de China.*[29]

Es relevante indicar que el margen de *dumping* calculado para la empresa exportadora Tangshan, se hace extensivo al resto de las importaciones provenientes de empresas que no participaron en la investigación y, en consecuencia, no cuentan con un margen de *dumping* específico para sus importaciones.

b) Subvenciones

De conformidad con el artículo 1.1 del ASMC, cualquier apoyo monetario o no monetario que el Estado brinde a los productores nacionales constituye una subvención.

---

[29] Resolución final de la investigación antidumping sobre las importaciones de aceros planos recubiertos, originarias de la República Popular China y el Taipéi Chino, publicada en el DOF el 5 de junio de 2017. Inciso b. del párrafo 234.

1.1 A los efectos del presente Acuerdo, se considerará que existe subvención:

a) 1) cuando haya una contribución financiera de un gobierno o de cualquier organismo público en el territorio de un Miembro (denominados en el presente Acuerdo "gobierno"), es decir:

i) cuando la práctica de un gobierno implique una transferencia directa de fondos (por ejemplo, donaciones, préstamos y aportaciones de capital) o posibles transferencias directas de fondos o de pasivos (por ejemplo, garantías de préstamos);

ii) cuando se condonen o no se recauden ingresos públicos que en otro caso se percibirían (por ejemplo, incentivos tales como bonificaciones fiscales);

iii) cuando un gobierno proporcione bienes o servicios -que no sean de infraestructura general- o compre bienes;

iv) cuando un gobierno realice pagos a un mecanismo de financiación, o encomiende a una entidad privada una o varias de las funciones descritas en los incisos i) a iii) supra que normalmente incumbirían al gobierno, o le ordene que las lleve a cabo, y la práctica no difiera, en ningún sentido real, de las prácticas normalmente seguidas por los gobiernos;

o

a) 2) cuando haya alguna forma de sostenimiento de los ingresos o de los precios en el sentido del artículo XVI del GATT de 1994;

y

b) con ello se otorgue un beneficio.

El artículo 1.2 del ASMC establece con toda claridad que una subvención será considerada como práctica desleal de comercio internacional solo cuando se determine que sea especifica, ajustándose a las previsiones que para tal efecto se consignan en el artículo 2 del mismo acuerdo.

> 2.1 Para determinar si una subvención, tal como se define en el párrafo 1 del artículo 1, es específica para una empresa o rama de producción o un grupo de empresas o ramas de producción (denominados en el presente Acuerdo "determinadas empresas") dentro de la jurisdicción de la autoridad otorgante, se aplicarán los principios siguientes:
>
> a) Cuando la autoridad otorgante, o la legislación en virtud de la cual actúe la autoridad otorgante, limite explícitamente el acceso a la subvención a determinadas empresas, tal subvención se considerará específica.
>
> b) Cuando la autoridad otorgante, o la legislación en virtud de la cual actúe la autoridad otorgante, establezca criterios o condiciones objetivos que rijan el derecho a obtener la subvención y su cuantía, se considerará que no existe especificidad, siempre que el derecho sea automático y que se respeten estrictamente tales criterios o condiciones. Los criterios o condiciones deberán estar claramente estipulados en una ley, reglamento u otro documento oficial de modo que se puedan verificar.
>
> c) Si hay razones para creer que la subvención puede en realidad ser específica aun cuando de la aplicación de los principios enunciados en los apartados a) y b) resulte una apariencia de no especificidad, podrán considerarse otros factores. Esos factores son los siguientes: la utilización de un programa de subvenciones por un número limitado de determinadas empresas, la utilización predominante por determinadas empresas, la concesión de cantidades desproporcionadamente elevadas de subvenciones a determinadas empresas, y la forma en que la autoridad otorgante haya ejercido facultades discrecionales en la decisión de conceder una subvención. Al aplicar este apartado, se tendrá en cuenta el grado de diversificación de las actividades económicas dentro de la jurisdicción de la autoridad otorgante, así como el período durante el que se haya aplicado el programa de subvenciones.

Es decir, cuando un país ejecute una política generalizada de subvenciones, no podrá ser objeto de investigación por prácticas desleales de comercio internacional; por el contrario, la práctica desleal exige la determinación de Especificidad en el programa o plan que otorga la subvención.

Asimismo, el propio artículo 2 del ASMC reconoce como subvenciones especificas las que están expresamente identificadas como *prohibidas* en el artículo 3.

> 3.1 A reserva de lo dispuesto en el Acuerdo sobre la Agricultura, las siguientes subvenciones, en el sentido del artículo 1, se considerarán prohibidas:
>
> a) las subvenciones supeditadas de jure o de facto a los resultados de exportación, como condición única o entre otras varias condiciones, con inclusión de las citadas a título de ejemplo en el anexo I;
>
> b) las subvenciones supeditadas al empleo de productos nacionales con preferencia a los importados, como condición única o entre otras varias condiciones.
>
> 3.2 Ningún Miembro concederá ni mantendrá las subvenciones a que se refiere el párrafo 1.

En este orden de ideas, el ASMC consigna, de manera expresa, que las subvenciones a la exportación serán consideradas como prácticas desleales de comercio internacional. Además, también otorga el mismo carácter a aquellas subvenciones que tengan por objeto la promoción del uso de mercancías de producción nacional, en detrimento de los productos importados lo que, de *facto*, constituye un instrumento de política industrial; sin embargo, el énfasis de la práctica desleal está orientado hacia las subvenciones dirigidas expresamente a la promoción de las exportaciones.

A diferencia de una investigación antidumping, cuando la Autoridad Investigadora recibe una solicitud para iniciar un procedimiento antidumping debe invitar al país exportador a celebrar consultas, tal como lo establece el artículo 13 del ASMC; por ejemplo, en la investigación antisubvención contra las importaciones de dicloxacilina sódica, originarias de la India.[30]

> 25. El 26 de enero de 2011 la Secretaría notificó al gobierno de la India, la solicitud para iniciar una investigación por subvenciones sobre las importaciones de dicloxacilina originarias de ese país y, de conformidad con el artículo 13.1 del ASMC, lo invitó a celebrar consultas en una fecha y hora que conviniera a ambas partes. Junto con la notificación, le hizo llegar la información relevante sobre la presente investigación.

Como sucede en el caso de las investigaciones antidumping, la Autoridad Investigadora determina un margen de subvención para cada empresa exportadora que comparezca en el procedimiento, en principio, para que una subvención sea considerada como práctica desleal, la magnitud del margen debe superar el margen de *minimis* que, en este caso, es de 1%, tal como se establece en el artículo 11.9 del ASCM.

En México han sido excepcionales las investigaciones antisubvención, en virtud de lo anterior, se tomará como ejemplo un caso representativo, sobre todo, porque su materia de análisis fue la política de subvenciones que aplica la Unión Europea a los productos agropecuarios, se trata del procedimiento contra las importaciones de aceite de oliva.[31]

En primer término, la Secretaría de Economía analizó la naturaleza del programa de subvención, tal como se expone en el párrafo 84 de la Resolución final del procedimiento

---

[30] Resolución final de la investigación antisubvención contra las importaciones de dicloxacilina sódica, originarias de la República de la India, publicada en el DOF el 17 de agosto de 2012.

[31] Resolución final de la investigación antisubvención contra las importaciones de aceite de oliva, originarias de la Unión Europea, publicada en el DOF el 1 de agosto de 2005.

antisubvención contra las importaciones de aceite de oliva, originarias de la Unión Europea.

Descripción del programa

84. De acuerdo con lo manifestado por la ASOLIVA y ASSITOL, los exportadores y la Delegación, el programa de subvenciones objeto de investigación opera de la siguiente forma:

A. En cada campaña de comercialización (que va de noviembre de un año a octubre del siguiente año) el oleicultor presenta ante la administración de cada país una declaración de cultivo, que consiste en especificar datos de la finca tales como localización, superficie y número exacto de olivos.

B. Entre los meses de noviembre a marzo se realiza la recolección de la aceituna y se entrega a una almazara, misma que realiza la molturación y fabricación del aceite. El propietario de la almazara emite un certificado para el oleicultor en donde se indican los kilogramos de aceituna que recibió y la cantidad de aceite efectivamente producido (obtenido de su aceituna). Con este certificado, el oleicultor tramita ante la autoridad competente del país correspondiente la solicitud de ayuda, que debe referirse a los olivos señalados en la declaración de cultivo y a los kilogramos de aceite efectivamente producidos.

C. Finalmente, la autoridad competente del país correspondiente suma todos los kilogramos de aceite por los que se solicita la ayuda y comunica este resultado a los servicios de la Comisión Europea. En función de estos kilogramos, la Comisión Europea antes del 1 de octubre determina la producción final estimada, y con base en ella la cuantía de la subvención por kilogramo de aceite, ya que la ayuda total se fija para cada país y se divide entre el número de kilogramos producidos. La autoridad competente del país correspondiente otorga un anticipo sobre la ayuda total, que como máximo será de 90% de la ayuda estimada.

Sobre la metodología que empleó la Autoridad Investigadora para determinar los márgenes de subvención, para cada empresa exportadora, inició confirmando que se trata de subvenciones específicas, pues como ya se explicó, esta es una condición fundamental para determinar la existencia de la práctica desleal de comercio internacional; la determinación sobre especificidad está en el párrafo 123 de la resolución señalada con anterioridad.

> *123. La Secretaría confirma su determinación preliminar de considerar como improcedente el planteamiento de las empresas exportadoras, las asociaciones y la Delegación, ya que la subvención otorgada por la Comunidad Europea es específica. De hecho, en el propio reglamento existe un apartado específico al aceite de oliva (Título II) que limita explícitamente el acceso de la subvención para los productores de aceite de oliva y por lo tanto cumple con el requisito establecido en el artículo 2 del ASMC. El hecho de que el Reglamento 136/66/CEE incluya otros tipos de productos, no implica que el programa de subvención no sea específico.*

Asimismo, la Autoridad Investigadora valoró la naturaleza financiera de la subvención, por lo que procedió a estimar el margen de subvención específico para cada empresa exportadora.

> 145. En esta etapa de la investigación, la Secretaría confirma su determinación en el sentido de que se trata de una contribución financiera, ya que corresponde a una transferencia directa de fondos a la producción de aceite de oliva otorgada por un organismo público, y por lo tanto, se apega a la definición de subvención a la que se refiere el artículo 1.1 del ASMC. Este programa de ayuda otorgó un beneficio a los exportadores en función de la participación que tuvo el aceite de oliva subvencionado en el producto exportado a los Estados Unidos Mexicanos. Asimismo, conforme a lo establecido en el artículo 2.1 del ASMC se trata de una subvención específica, ya que en los mismos reglamentos de la Comunidad Europea se limita explícitamente el acceso de la subvención a los productores de aceite de oliva, es decir, se ofrece a la rama de la producción de aceite de oliva o al grupo de empresas que producen aceite de oliva.

En particular, la Secretaría de Economía estimó el margen de subvención (MS), como la diferencia entre el precio no subvencionado (PNS) y el precio subvencionado (PS), empleando la Ecuación **5**:

$$MS = PNS - PS \qquad \text{Ecuación 5}$$

En el caso que estamos presentando como ejemplo, se determinaron los márgenes de subvención que se presentan en el Cuadro 6.

Cuadro 6 Márgenes de subvención por empresa exportadora

Empresa	Margen de subvención (dólares por kg.)
Aceites Borges Pont	0.40
Aceites del Sur	0.54
Aceites Monterreal	0.45
Aceites Ybarra	0.41
SOS Cuétara	0.42
Oleícola Hojiblanca	0.45
Salov	0.70
Carapelli Firenze y las demás empresas exportadoras	0.73

Fuente: Párrafo 179 de la Resolución final de la investigación por subvenciones contra las importaciones de aceite de oliva, originarias de la Unión Europea, publicada en el DOF del 1 de agosto de 2005.

Como sucede en las investigaciones antidumping, las empresas exportadoras que no comparecieron en el procedimiento se sujetan a la cuota residual, que equivale al margen de subvención más alto, en este caso, el calculado para la empresa italiana Carapelli Firenze.

Con base en lo anterior, se puede establecer que, con objeto de analizar la existencia de una práctica desleal de comercio internacional, se debe determinar el margen de subvención, siempre de conformidad con las previsiones jurídicas aplicables, como se explicó, el margen de subvención deberá ser superior a *minimis* y la subvención deberá ser específica; vale la pena recordar que el margen de subvención refleja la diferencia entre el precio no subvencionado y el precio subvencionado.

Para que una Autoridad Investigadora determine la aplicación de cuotas compensatorias deberá concluir la existencia de daño y relación causal, categorías que aplican también para el análisis relativo a las prácticas desleales en su modalidad de *dumping*.

c) Daño a la industria nacional

En términos generales, la determinación de la existencia de daño toma como punto de partida la evaluación del comportamiento registrado por el volumen y precio de las importaciones objeto de *dumping* o subvención a lo largo del periodo analizado.

Por lo que se refiere al análisis relativo a la determinación de daño, el artículo 3 del AAD identifica tres figuras de daño: daño importante, amenaza de daño importante y retraso importante en la creación de una rama de producción nacional. Si bien las determinaciones de daño y amenaza de daño están explicadas en los artículos 3.4 y 3.7 del AAD, respectivamente, es importante señalar que el AAD no contiene mayores elementos sobre el análisis que debería realizarse en el caso de un retraso importante en la creación de una rama de producción nacional.

Por su parte, el ASMC identifica las tres figuras de daño: daño importante, amenaza de daño importante y retraso importante en la creación de una rama de producción nacional, en su artículo 15. En este caso, las determinaciones de daño y amenaza de daño están explicadas en los artículos 15.4 y 15.7 del ASMC, respectivamente; como sucede en el AAD, el ASMC no establece mayores elementos sobre el análisis que debería realizarse en un caso que invoque la figura de retraso importante en la creación de una rama de producción nacional.

Al respecto, es importante señalar que el citado ejemplo de aceite de oliva constituye el único caso que solicitó ser iniciado por retraso a la creación de una rama de producción nacional, tal como se estableció en el párrafo 2 de la resolución final del procedimiento antisubvención contra las importaciones de aceite de oliva, originarias de la Unión Europea, publicada en el DOF del 1 de agosto de 2005.

> 2. La solicitante manifestó que en el periodo comprendido de abril a diciembre de 2002, las importaciones de aceite de oliva virgen y refinado, originarias de la Unión Europea, se efectuaron en condiciones de subvención de precios, lo que ha causado un retraso importante a la creación de una rama de la producción nacional de mercancías idénticas o similares, conforme a lo dispuesto en los artículos 28, 37, 39 y 40 de la Ley de Comercio Exterior y 16.1 del Acuerdo sobre Subvenciones y Medidas Compensatorias de la Organización Mundial del Comercio, en lo sucesivo LCE y ASMC, respectivamente.

Como se explicó, el análisis de daño parte de la base de la valoración de las importaciones investigadas. En particular, sobre el volumen de las importaciones objeto de investigación, se analiza su crecimiento (en términos absolutos y en relación con la producción y el consumo del país importador); acerca de la estimación del consumo del país importador, por lo regular, la Autoridad Investigadora procede al cálculo del Consumo Nacional Aparente (CNA) a partir de la Ecuación **36**:

CNA = Producción + Importaciones – Exportaciones   Ecuación 6

Sobre los precios, en general, se analiza la existencia de márgenes de subvaloración del precio de las importaciones del producto investigado, en comparación con el precio del producto similar. En otras palabras, se estima si las importaciones objeto de investigación ingresaron al mercado del país importador a un precio inferior al que registran las mercancías similares fabricadas por la rama de producción nacional.

Sobre la rama de producción nacional, en el citado ejemplo del sorbitol, se consideró a la empresa CPI Ingredientes, S. A., pues representó el 100% de la producción nacional de sorbitol; mientras que, en el caso de dicloxacilina sódica, se analizaron los indicadores económicos y financieros de la empresa Fersinsa GB, S.A. de C.V., pues también representó el 100% de la producción nacional en México de dicloxacilina sódica.

Continuando con la metodología para determinar la existencia de daño, se realiza un análisis de los efectos reales y potenciales que origina el ingreso de las importaciones del producto investigado sobre los indicadores económicos y financieros que componen a la rama de producción nacional de mercancías similares.

El énfasis sobre la determinación de la existencia de daño corresponde al análisis que guarda la rama de producción nacional del producto similar, para ello, se valora el desempeño registrado por sus variables económicas y financieras a lo largo del periodo analizado: ventas, utilidades, producción, participación de mercado, productividad, rendimiento de las inversiones, utilización de la capacidad instalada, precios, la magnitud del margen de dumping, flujo de caja, inventarios, empleo, salarios, el crecimiento y la capacidad de reunir capital e inversión.

El estudio del comportamiento de estos indicadores se realiza a través un análisis económico integral que permite establecer la existencia de relaciones entre las variables. En particular, se evalúa si el volumen de las importaciones objeto de dumping, que ingresó a precios inferiores al precio registrado por la producción nacional, repercutió negativamente sobre dos aspectos fundamentales: 1) vía precios: reduciendo o conteniendo a los precios de las mercancías similares de fabricación nacional, y 2) vía volúmenes: disminuyendo los volúmenes de las ventas internas de la producción nacional.

Con base en lo anterior, en el caso de una caída en el volumen de las ventas internas de la producción nacional, se observa, si éste, a su vez, originó efectos negativos sobre los indicadores económicos de la producción nacional: menor participación de mercado, disminuciones del volumen de producción y del porcentaje de utilización de la capacidad instalada, así como la acumulación de inventarios.

Por su parte, estos efectos negativos pueden repercutir sobre los indicadores financieros a través de menores márgenes de utilidad (incluso generando pérdidas operativas), y afectaciones sobre el flujo de caja, la capacidad de reunir capital y la ejecución de nuevas inversiones.

En el caso de una afectación sobre los precios, por lo regular, las empresas productoras de la mercancía similar a la investigada realizan un *ajuste* a sus precios internos, con objeto de no disminuir su nivel de ventas y producción; sin embargo, los efectos negativos provocan menores ingresos y utilidades.

En este orden de ideas, se valora la información histórica correspondiente al periodo analizado, con objeto de determinar si efectivamente se presenta un daño importante en los indicadores económicos y financieros de la rama de producción nacional en el periodo investigado.

A manera de ejemplo, se exponen los elementos objetivos que permitieron a la Secretaría de Economía determinar que las importaciones de papel bond cortado, originarias de Brasil, causaron daño a la rama de la producción nacional fabricante del producto idéntico o similar.

A continuación, presentamos el párrafo 226 de la Resolución final de la investigación antidumping sobre las importaciones de papel bond cortado, originarias de la República Federativa de Brasil, independientemente del país de procedencia, publicada en el DOF el 11 de marzo de 2013.

226. Con base en los resultados del análisis de los argumentos y las pruebas descritas en la presente Resolución, la Secretaría determinó que cuenta con elementos suficientes que sustentan que las importaciones del producto objeto de investigación se realizaron en condiciones de discriminación de precios y que causaron daño a la rama de producción nacional de la mercancía similar. Entre los elementos y aspectos que se señalaron a lo largo de la investigación y que llevan a esta determinación, destacan los siguientes:

a. las importaciones de papel bond cortado originarias de Brasil se efectuaron con márgenes de discriminación de precios de 51.29% y 62.37%, muy superiores al nivel de minimis previsto en el artículo 5.8 del Acuerdo Antidumping;

b. en el periodo investigado, las importaciones de papel bond cortado originarias de Brasil se incrementaron, tanto en términos absolutos como en términos relativos con respecto del CNA y a la producción de la rama de producción nacional;

c. en el periodo investigado, el análisis de precios reveló la existencia de subvaloración de los precios del papel bond cortado de origen brasileño respecto a los precios de la mercancía similar de producción nacional;

d. el comportamiento de los precios del producto originario de Brasil con respecto de los precios de la mercancía nacional y del costo de producción asociado al crecimiento en el precio de la celulosa permitieron establecer la existencia de una contención de precios con afectación en las utilidades operativas de la rama de producción nacional;

e. la producción nacional y las ventas al mercado interno de la rama de producción nacional tuvieron un comportamiento desfavorable, en relación con las importaciones en condiciones de discriminación de precios, creciendo menos que proporcionalmente y perdiendo participación relativa en el CNA;

f. se observó un deterioro en el desempeño económico y financiero de la rama de producción nacional determinado a partir de la afectación observada en indicadores relevantes tales como la producción, las ventas al mercado interno, las utilidades, el empleo, la masa salarial, los inventarios, la utilización de la capacidad instalada y en la participación de la producción en el consumo nacional, principalmente en 2010, el primer semestre de 2011 y en el periodo investigado, y

g. existen elementos que acreditan la existencia de desplazamiento de la mercancía nacional en beneficio del producto investigado, tanto a partir de las cifras agregadas de ventas nacionales y su participación en el CNA como desagregado al nivel de clientes, que redujeron sus compras de la mercancía similar de producción nacional al tiempo que incrementaron sus importaciones originarias de Brasil.

En virtud de lo anterior, se puede colegir que la determinación de daño se sustenta en un análisis objetivo del comportamiento que registraron los indicadores económicos y financieros pertinentes de la rama de la producción nacional fabricante de la mercancía idéntica o similar a la investigada. En el ejemplo que presentamos, se puede apreciar que las importaciones del producto investigado, originarias de Brasil, crecieron en términos absolutos y relativos y que ingresaron con un nivel de precios inferior a los precios del producto nacional.

El creciente ingreso de las importaciones investigadas generó efectos negativos sobre los indicadores, económicos y financieros, de las empresas que constituyen la rama de producción nacional de papel bond cortado; en particular, se observó un deterioro en producción, ventas al mercado interno (menor participación de mercado), utilidades, empleo, masa salarial, inventarios y utilización de la capacidad instalada.

De manera adicional, es relevante señalar que, a diferencia de la determinación del margen de *dumping* o de subvención, que se expresa en un número, la determinación de daño requiere de un análisis económico complejo que evalúa la relación del comportamiento de las variables mencionadas; por último, la determinación de la causalidad que debe existir entre el ingreso de las importaciones del producto investigado, objeto de *dumping* o subvención, como causa del daño (relación causal), requiere la aplicación de una metodología aún más compleja, pues las disposiciones del artículo 3.5 del AAD y 15.5 del ASMC prevén la incorporación del análisis de un conjunto de variables que eventualmente pueden constituirse como otros factores de daño.

d) Relación causal

La determinación de la relación causal o causalidad se fundamenta en demostrar que las importaciones investigadas, objeto de *dumping* o subvención, causaron daño a la rama de la producción nacional fabricante de la mercancía idéntica o similar a la investigada, en los términos previstos en el artículo 3.5 del AAD o 15.5 del ASMC.

El análisis la relación causal se basa en el examen del comportamiento que registraron *otros factores de daño* a lo largo del periodo analizado que pudieran constituirse como la causa del daño a la rama de producción nacional. Entre las variables evaluadas como *otros factores de daño* están: las importaciones no vendidas a precios *dumping* o, de ser el caso, las importaciones no subvencionadas, la contracción de la demanda, variaciones de la estructura del consumo, la tecnología, la actividad exportadora y la productividad de la rama de producción nacional, así como cualquier otro factor que pudiera afectar al desempeño de la industria nacional del país importador.

Eventualmente, el análisis de estos indicadores puede sustentar que el daño registrado por la rama de producción nacional fue originado por un factor ajeno e independiente a las importaciones investigadas, objeto de *dumping* o subvención. Como ejemplos podemos decir que si las cifras de volumen de las importaciones no vendidas a precios dumping, o no subvencionadas, (importaciones leales) exhiben crecimientos mayores o que se han apropiado de una mayor participación del mercado, entonces podría establecerse que han sido estas importaciones leales las que originaron el daño.

Otro caso, podría ser una contracción en la demanda agregada del mercado, la cual, si bien originó la disminución de las ventas internas de la producción nacional, indicaría que esta reducción no fue por causa de las importaciones investigadas, sino por una contracción del mercado que tuvo un origen particular, como podría ser la introducción de productos sustitutos.

Una variable fundamental para determinar la relación causal es el comportamiento de la actividad exportadora de la producción nacional, puesto que existen casos en los que, si bien se registra una reducción en las ventas totales, ésta fue originada por la reducción de sus montos de exportación, misma que también pudo tener un origen distinto, como puede ser la pérdida de competitividad a través de una sobrevaloración del tipo de cambio.

Existen pocos ejemplos que acrediten cuestionamientos sobre la causalidad, sin embargo, vamos a presentar las conclusiones que elaboró la Secretaría de Economía en la investigación antidumping contra las importaciones de papel prensa, originarias de Canadá y EUA.

En el párrafo 383 de la Resolución final de la investigación antidumping sobre las importaciones de papel prensa con peso entre 47.8-49.8g/m^2, comúnmente conocido como papel prensa con peso base de 48.8g/m^2, originarias de los Estados Unidos de América y de Canadá,[32] se concluye que los efectos

---

32 DOF del 17 de mayo de 2005.

negativos que padecieron los indicadores económicos y financieros, de la rama de la producción nacional fabricante de papel prensa, tuvieron su origen en factores ajenos a las importaciones objeto de *dumping*.[33]

> 383. Con base en los resultados descritos a lo largo de la presente Resolución, y una vez analizados todos los argumentos y pruebas aportadas por las partes interesadas, así como la información que la propia Secretaría se allegó, la autoridad investigadora considera que no existen elementos suficientes para determinar la existencia de la práctica desleal, en términos de la legislación antidumping, es decir, que el deterioro observado en los principales indicadores de la industria nacional se encuentre directamente relacionado con las importaciones en condiciones de dumping. Entre las razones que llevan a esta conclusión, sin ser limitativas, se encuentran las siguientes:
>
> A. Existen dudas legítimas sobre la identificación que hizo la industria nacional sobre el producto nacional que debería considerarse similar a las mercancías investigadas y, en consecuencia, sobre la información aportada.
>
> B. Debido a lo anterior, existen serias dudas sobre el comportamiento registrado por el precio nacional y el resto de los indicadores económicos y financieros de la industria nacional.
>
> C. Dos de los principales exportadores no incurrieron en márgenes de dumping para llegar al mercado nacional.
>
> D. Las empresas que fijaron los menores precios en el mercado nacional y mostraron la mayor reducción en el periodo analizado, ingresaron al mercado nacional en condiciones leales de comercio internacional.
>
> E. En consecuencia, la disminución significativa de precios nacionales está relacionada con la presencia de importaciones

---

[33] El papel prensa es el insumo para fabricar los periódicos.

> a precios inferiores; sin embargo, esta subvaloración fue significativamente mayor en el caso de las importaciones leales, quienes tuvieron una mayor influencia en la disminución de los precios nacionales.
>
> F. El aumento de importaciones dumping sustituyó en buena medida a producto originario de los Estados Unidos de América, más que a producto de fabricación nacional.
>
> G. El comportamiento adverso en indicadores económicos de la industria se encuentra más vinculada a factores exógenos a las importaciones en condiciones de dumping.
>
> H. Particularmente, influyó en la situación de la industria la caída del mercado de exportación y la contracción del mercando, así como la decisión de reorientar la línea de producción de una empresa hacia la producción de papel bond, además de la caída de precios internacionales.

En este procedimiento, no fue posible determinar la causalidad por los motivos que se explican a continuación.

a. Existieron importaciones leales; es decir, no fueron objeto de *dumping*, inciso C.

b. Fueron las importaciones leales las que registraron las mayores disminuciones reducciones de precios, inciso D.

c. Dado que las importaciones leales registraron los mayores márgenes de subvaloración, fueron estas importaciones las que causaron, en mayor medida, la contracción del precio nacional, inciso E.

d. El crecimiento de las importaciones objeto de *dumping*, originarias de Canadá, más que desplazar a la producción nacional del mercado mexicano, provocó una reducción de las importaciones originarias de EUA, inciso F.

e. El daño está relacionado con factores ajenos e independientes a la práctica de *dumping*, inciso G.

f. Los factores que causaron el daño corresponden a la disminución de las ventas al mercado externo, pues originaron la disminución de las ventas totales, así como a la contracción del mercado, ya que la demanda disminuyó debido probablemente a nuevos hábitos de consumo, relacionados con la lectura del periódico en internet, inciso H.

g. Disminuyó el volumen de producción porque se reorientó la línea de fabricación de una empresa nacional; dicha empresa tomó esta decisión como respuesta a la contracción de la demanda y, por último, se observó una tendencia negativa a nivel mundial, plasmada en la reducción de los precios internacionales, inciso H.

A partir de lo anterior, podemos concluir que la determinación de la causalidad exige a la Autoridad Investigadora el reto de disponer la información oportuna sobre una serie de variables que pueden influir sobre el estado que guarda la rama de producción nacional; asimismo, la naturaleza de dicha información puede variar sustancialmente en cada investigación.

e) Cuotas compensatorias

Cuando la Autoridad Investigadora, determina un margen de *dumping* o de subvención, según sea el caso, concluye la existencia de daño y determina que el daño fue originado por las importaciones investigadas, la legislación nacional e internacional prevé que el ingreso de las importaciones objeto de *dumping*, o subvención, al mercado del país importador, podrá sujetarse a la aplicación de cuotas compensatorias.[34]

---

[34] Los artículos 9 del AAD, 19 del ASMC y del 62 al 71 de la LCE contienen las previsiones correspondientes a la aplicación y cobro de las cuotas compensatorias.

De conformidad con la LCE, las cuotas compensatorias son regulaciones no arancelarias de tipo cuantitativo que se aplican en la medida necesaria para contrarrestar el daño a la rama de producción nacional ocasionado por las mercancías importadas en condiciones de discriminación de precios o de subvención en su país de origen. (Martínez, L. 2012).

En México se denomina, de manera indistinta, cuotas compensatorias a las medidas que se aplican a las importaciones objeto de prácticas desleales de comercio internacional, independientemente de su modalidad: discriminación de precios o subvenciones. Por su parte, el AAD establece la percepción de *derechos antidumping;* mientras que el ASMC maneja el pago de *derechos compensatorios.*

Asimismo, en nuestro país las cuotas compensatorias son determinadas por la Secretaría de Economía; mientras que su cobro es responsabilidad de la Secretaría de Hacienda y Crédito Público.

Con base en las previsiones señaladas a lo largo de este capítulo, podemos afirmar que las cuotas compensatorias son aplicadas en casos excepcionales previstos por la legislación nacional e internacional. Con base en lo anterior, las cuotas compensatorias no son consideradas como parte de los instrumentos de política comercial, en todo caso, se les conoce como *medidas de remedio comercial.*

En términos fiscales, las cuotas compensatorias son consideradas como *aprovechamientos,* por lo que, a diferencia de los aranceles, no constituyen impuestos al comercio internacional; por ello, las cuotas compensatorias también son consideradas como una modalidad de las *barreras no arancelarias* al comercio exterior

La vigencia de la aplicación de las cuotas compensatorias es de cinco años, aunque pueden revisarse anualmente a petición de parte; estos procedimientos tienen por objeto revisar el margen de *dumping* o subvención que se determinó en la investigación que impuso el pago de la cuota compensatoria.

De manera adicional, existen procedimientos *ad hoc*, denominados *Exámenes de vigencia de cuota compensatoria* que prevén el análisis de la revocación de la cuota compensatoria o su renovación por cinco años adicionales.

El monto de las cuotas compensatorias tiene como límite el margen de discriminación de precios, o de subvención, determinado a lo largo del procedimiento que impuso el pago de la cuota compensatoria.

Al respecto, la legislación nacional e internacional considera la posibilidad de que la Autoridad Investigadora determine que la imposición de una cuota compensatoria inferior al margen de *dumping*, o de subvención, es suficiente para eliminar el daño que registró la rama de producción nacional del país importador.

Al 1 de noviembre de 2023 estaban vigentes 83 cuotas compensatorias en México, 81 por dumping, 1 por subvenciones y 1 por dumping y subvenciones.[35] En el Anexo III se presenta la relación completa.

---

35 Secretaría de Economía [en línea], https://www.gob.mx/cms/uploads/attachment/file/868923/Estadisticas_de_la_UPCI..pdf [consulta: 24 de noviembre de 2023].

Capítulo III. Análisis económico de las prácticas desleales de comercio internacional

Tomando en cuenta que las cuotas compensatorias no forman parte de los instrumentos de la política comercial, y que su aplicación no tiene el propósito de eliminar del mercado a las importaciones, el objetivo general de este capítulo es elaborar una explicación sobre las *circunstancias excepcionales* que justifican la aplicación de la legislación nacional e internacional contra el ingreso de importaciones en condiciones desleales de comercio internacional.

Con objeto de valorar la existencia de las *circunstancias excepcionales* que sustenten la adopción de cuotas compensatorias, en primer término, se analizará la información disponible a nivel mundial sobre los derechos antidumping y compensatorios que aplican los países Miembros de la OMC.

III.1 DERECHOS ANTIDUMPING APLICADOS POR LOS MIEMBROS DE LA OMC

La información disponible para realizar este análisis corresponde a la que publica la OMC en su página de internet, y comprende el periodo 1995 – al primer semestre de 2023.

A lo largo de los 28 años considerados, los países Miembros de la OMC impusieron 4,521 medidas antidumping.[36] La información reportada por la OMC está clasificada en 20 sectores económicos;[37] sin embargo, se observó que las medidas antidumping aplicadas contra las importaciones correspondientes a tres sectores: a) Métales básicos y sus manufacturas, b) Productos químicos y c) Resinas, plásticos y productos de goma, representaron el 66% del total de las medidas aplicadas (Gráfica 6).

Gráfica 6. Derechos antidumping por sector económico, aplicados por los Miembros de la OMC (1995 – primer semestre de 2023)

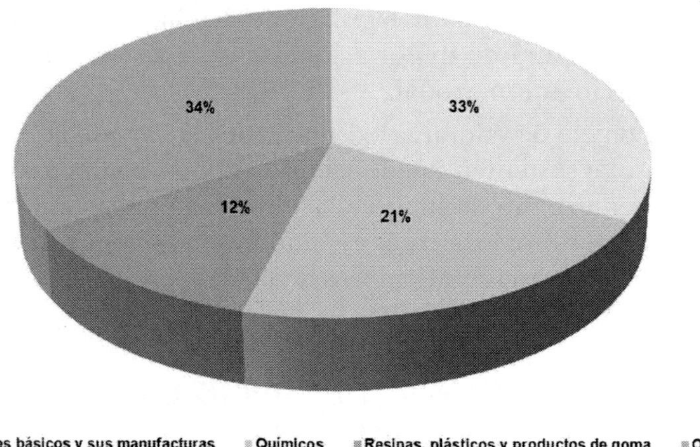

Fuente: www.wto.org

[36] Organización Mundial del Comercio [en línea], <https://www.wto.org/spanish/tratop_s/adp_s/adp_s.htm>, [consulta: 23 de noviembre de 2023].

[37] En el Anexo IV se presenta la relación completa de los 20 sectores.

Estas cifras nos permiten observar que, en su mayoría, las prácticas de *dumping* denunciadas en el mundo corresponden a importaciones de mercancías que cuentan con las características siguientes: son insumos empleados en la elaboración de productos finales, son bienes homogéneos y son productos *commodities* en cuanto que no representan la obtención de sobreganancias internacionales. Es decir, son productos que se ajustan, en buena medida, a las mercancías comunes que definimos en el Capítulo I.

Tomando en cuenta que, en el mercado mundial de *commodities* se comercializan, salvo algunas excepciones, mercancías genéricas que no se caracterizan por la obtención de sobreganancias, en los términos explicados en el Capítulo I, las empresas que elaboran estos productos generan condiciones de competencia a través de prácticas de discriminación de precios.

Es relevante señalar que, a diferencia de los productos que generan sobreganancias globales, la discriminación de precios que se práctica con las mercancías comunes es en sentido negativo; es decir, disminuyendo su precio, ajustándose a la definición que se exhibió en el Capítulo I.

Con objeto de profundizar el análisis efectuado, se tomará en cuenta la información publicada por la Secretaría de Economía de México, relativa a las cuotas compensatorias vigentes por producto, que se aplican contra las importaciones que ingresaron en condiciones de *dumping*. Consideramos pertinente valorar dicha información porque aportará elementos más precisos sobre la naturaleza de los productos que, de manera particular, se encuentran sujetos a la imposición de derechos antidumping.

III.2 DERECHOS ANTIDUMPING VIGENTES EN MÉXICO

Con objeto de analizar la composición sectorial de las cuotas compensatorias en México, se consideró la información publicada por la Secretaría de Economía. De acuerdo con esta dependencia, al 1 de noviembre de 2023, estaban vigentes 81 derechos antidumping, mismos que son aplicados a importaciones de productos que se clasifican en nueve sectores económicos.[38] En el caso de México, se registra una mayor concentración de los derechos antidumping, puesto que solo el sector de Industrias metálicas básicas y sus manufacturas representa el 67% de las medidas antidumping que aplica el gobierno de México; en la Gráfica 7 se presentan las cuotas compensatorias por sector económico.

La información de México nos permite observar, de manera específica, la importación de los productos que está sujeta al pago de cuotas compensatorias. En el sector de Industrias metálicas básicas y sus manufacturas, industria siderúrgica, encontramos productos como: alambrón, cadenas, conexiones, ferromanganeso, ferrosilicomanganeso, lámina rolada, malla galvanizada, placa en hoja y rollo, tubería y varilla.

Sobre el resto de las medidas antidumping vigentes, destacan las que se aplican en los productos siguientes: sosa cáustica líquida, amoxicilina trihidratada, sulfato de amonio, papel bond, poliéster, vajillas, lápices, hongos, recubrimientos cerámicos y bicicletas para niños; cabe destacar el caso excepcional de amoxicilina trihidratada, cuya cuota compensatoria fue determinada por dumping y por subvención, tal como se establece en la Resolución Final que publicó la Secretaría de Economía en el DOF del 27 de noviembre de 2012.

---

[38] Anexo III.

Gráfica 7. Derechos antidumping, por sector económico, aplicados por México (al 1 de noviembre de 2023)

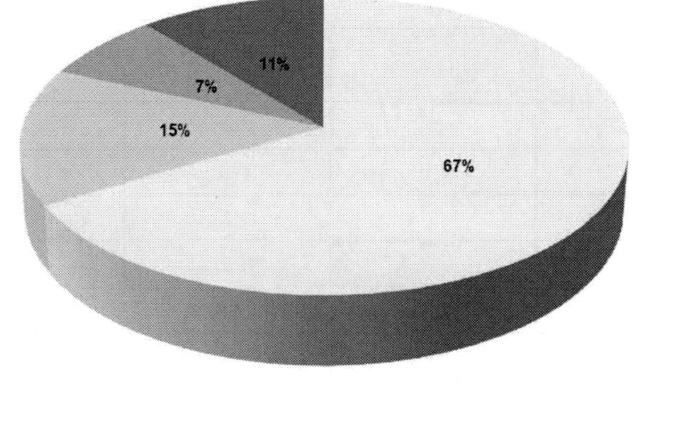

Fuente: Secretaría de Economía

Esta información nos permite confirmar que la mayor parte de las prácticas de *dumping* documentadas corresponden a productos *commodities*, que son genéricos y que, por lo regular, son empleados como insumos para la elaboración de productos finales.

Además de conocer las mercancías que están siendo importadas en condiciones de discriminación de precios, las estadísticas mexicanas también nos permiten valorar el rango de las cuotas compensatorias que está aplicando el gobierno mexicano. En este sentido, la información que publica la Secretaría de Economía indica que está aplicando cuotas compensatorias, en su mayoría, a través de porcentajes sobre el valor factura (*advalorem*), en un amplio rango que va de 4.04% a 103.41%.

En el Cuadro 7 se presenta el rango de los derechos antidumping, por país, vigentes en México al 1 de noviembre de 2023; en este cuadro se puede apreciar el amplio rango de las cuotas, mismo que ilustra sobre la magnitud que puede alcanzar la práctica de discriminación de precios.

Cuadro 7 Monto de los derechos antidumping aplicados en México

País	No. de cuotas	Rango de cuotas	
		Mínimo	Máximo
China	34	21.00%	103.41%
EUA	9	4.04%	62.45%
India	5	40.25%	64.90%
Ucrania	5	16.59%	60.10%
Rusia	4	15.00%	36.80%
Corea	3	35.64%	35.64%
Japón	3	99.90%	99.90%
España	3	Cuotas específicas	
Brasil	2	37.78%	57.69%
Taiwán	2	22.26%	52.57%
Vietnam	2	12.77%	81.06%
Alemania	2	Cuota específica	
Argentina	1	24.66%	24.66%
Francia	1	Cuota específica	
Italia	1	Cuota específica	
Kazajstán	1	22.00%	22.00%
Portugal	1	Cuota específica	
Reino Unido	1	Cuota específica	
Rumania	1	67.60%	67.60%
Total	81		

Fuente: Secretaría de Economía

Asimismo, es importante señalar que un número importante de derechos antidumping se determina a través de la imposición de cuotas compensatorias específicas, es decir, que se pagan en dólares por unidad de medida; solo por mencionar un ejemplo, en el procedimiento contra las importaciones de recubrimientos cerámicos para muros y pisos, originarias de China, la Secretaría de Economía determinó las cuotas compensatorias siguientes:[39]

- para las importaciones provenientes de Bode Fine Building, 8.3 dólares por metro cuadrado;
- para las importaciones provenientes de Dongxin Economy, 10.53 dólares por metro cuadrado;
- para las importaciones provenientes de Gaoming Yaju, 11.49 dólares por metro cuadrado;
- para las importaciones provenientes de Guangdong Kito Ceramics, 9.32 dólares por metro cuadrado;
- para las importaciones provenientes de Heyuan, 9.35 dólares por metro cuadrado;
- para las importaciones provenientes de Huashengchang Ceramic, 5.75 dólares por metro cuadrado;
- para las importaciones provenientes de Jiefeng Decoration, 12.42 dólares por metro cuadrado;
- para las importaciones provenientes de Jingdezhen Kito Ceramics, 10.3 dólares por metro cuadrado;
- para las importaciones provenientes de Jinyi Ceramic, 7.37 dólares por metro cuadrado;

---

39 Resolución final de la investigación antidumping sobre las importaciones de recubrimientos cerámicos para muros y pisos originarias de la República Popular China, independientemente del país de procedencia, publicada en el DOF del 24 de octubre de 2016.

- para las importaciones provenientes de Junjing Industrial, 8.7 dólares por metro cuadrado;
- para las importaciones provenientes de Lihua Ceramic, 11.73 dólares por metro cuadrado;
- para las importaciones provenientes de Nafuna Ceramic, 8.92 dólares por metro cuadrado;
- para las importaciones provenientes de Overland Ceramics, 6.63 dólares por metro cuadrado;
- para las importaciones provenientes de Pioneer Ceramic, 10.04 dólares por metro cuadrado;
- para las importaciones provenientes de Romantic Ceramics, 12.13 dólares por metro cuadrado;
- para las importaciones provenientes de Shengya Ceramic, 8.94 dólares por metro cuadrado;
- para las importaciones provenientes de Shiwan Eagle, 8.49 dólares por metro cuadrado;
- para las importaciones provenientes de Winto Ceramics, 2.9 dólares por metro cuadrado;
- para las importaciones provenientes de Yekalon, 11.51 dólares por metro cuadrado;
- para las importaciones provenientes de Zibo Jiahui, 9.55 dólares por metro cuadrado, y
- para las demás empresas productoras-exportadoras, una cuota compensatoria definitiva de 12.42 dólares por metro cuadrado.

Con base en estas cuotas compensatorias podemos confirmar el amplio margen de discriminación de precios que pueden aplicar las empresas exportadoras como parte de su política empresarial, en el contexto de competencia en los mercados internacionales.

Por otro lado, a partir del número de derechos antidumping que aplica el Gobierno de México, sobresale que las importaciones de mercancías, originarias de China, representan el 42% del total; entre las importaciones sujetas al pago de cuota compensatoria, de este origen, se incluye una amplia gama de productos, que van desde bienes de consumo final como hongos, vajillas, bicicletas para niños y lápices, hasta insumos industriales, como el caso de la siderurgia, entre los que podemos mencionar al ferromanganeso, rollos de acero laminados en caliente, aceros planos recubiertos, alambrón, tubería, cables de acero y lámina rolada en frio.

No es casual la concentración de cuotas compensatorias que el gobierno de México aplica contra las importaciones originarias de China, de acuerdo con Arturo Oropeza,[40] desde 2007, China se ha consolidado como el mayor productor del mundo de mercancías industriales, por ejemplo, en productos textiles, prendas de vestir, cueros y productos de cuero, China representó 37%, 29% y 39%, respectivamente, del valor agregado mundial. En lo que se refiere a metales básicos, maquinaria eléctrica y transporte, representó 27%, 31% y 35% del valor agregado mundial. En este sentido, también se encuentra el calzado, con 34%, productos de plástico, con 18%, productos de tabaco, con 51%, productos minerales no metálicos, con 16%, y metales básicos, con 36%. (Oropeza, A. 2019)

El restante 58% de los derechos antidumping se encuentra disperso entre 18 países: EUA, Ucrania, India, Rusia, Corea, Japón, España, Brasil, Taiwán, Vietnam, Alemania, Francia y Japón, entre otros.

Con base en lo anterior, y a partir de la información disponible sobre los derechos antidumping aplicados por los países

---

40 Investigador del Instituto de Investigaciones Jurídicas de la UNAM.

Miembros de la OMC, podemos confirmar que la mayor parte de las medidas corresponde a mercancías de los sectores siderúrgico, químico y petroquímico, de manera que podemos afirmar que se trata de mercancías comunes, en los términos que se han explicado y que las caracterizan; es decir, como mercancías *commodities*, homogéneas, genéricas, que son empleadas como insumos por otras industrias y que, por lo tanto, cuentan con un precio internacional relativamente bien identificado y documentado.

Esta conclusión parcial ha sido corroborada a partir de la información de la Secretaría de Economía, porque la mayor parte de las importaciones sujetas al pago de derechos compensatorios por parte del gobierno de México también corresponde a los sectores siderúrgico y químico.

En particular, las cuotas compensatorias que México aplica a mercancías de los sectores siderúrgico y químico: alambrón, cadenas, ferromanganeso, ferrosilicomanganeso, lámina rolada, placa de acero en hoja y rollo, tubería, sulfato de amonio, varilla, poliéster, conexiones, aceros planos y sosa cáustica, entre otras, podemos confirmar que se trata de mercancías comunes que son empleadas como insumos en industrias productoras de bienes de consumo final.

En el apartado próximo se procede a analizar los derechos compensatorios que aplican los países Miembros de la OMC a las importaciones objeto de subvención.

III.3 DERECHOS COMPENSATORIOS APLICADOS POR LOS MIEMBROS DE LA OMC

La información disponible para realizar este análisis corresponde a la que publica la OMC en su página de internet, y comprende el periodo 1995 – al primer semestre de 2023.

A lo largo de los 28 años considerados, los países Miembros de la OMC impusieron solo 409 derechos compensatorios.[41] Como sucede con los derechos antidumping, los derechos compensatorios que se aplican contra las importaciones de productos pertenecientes a los sectores: a) Métales básicos y sus manufacturas, b) Productos químicos y c) Resinas, plásticos y productos de goma, representaron el 68% del total de las medidas aplicadas (Gráfica 8).

Gráfica 8. Derechos compensatorios por sector económico, aplicados por los Miembros de la OMC (1995 – primer semestre de 2023)

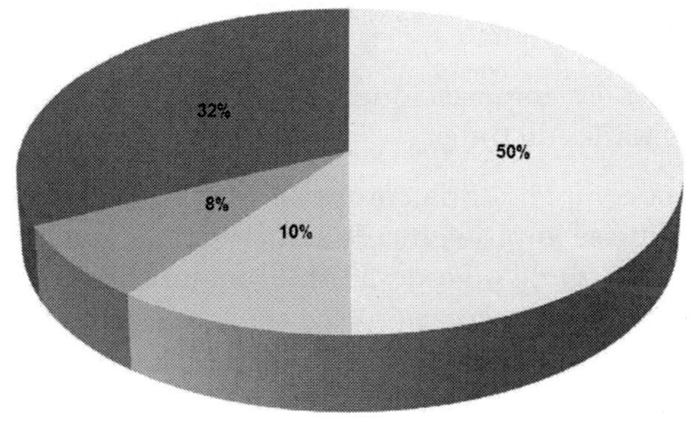

Fuente: www.wto.org

La composición por sector económico de los derechos compensatorios que aplican los países Miembros de la OMC guarda una similitud sustancial con la distribución sectorial que observan los derechos antidumping; en consecuencia, podemos

41 Organización Mundial del Comercio [en línea], < https://www.wto.org/spanish/tratop_s/scm_s/scm_s.htm>, [consulta: 23 de noviembre de 2023].

confirmar, una vez más, que las mercancías comunes compiten en los mercados internacionales haciendo uso de las prácticas desleales de comercio internacional.

III.4 DERECHOS COMPENSATORIOS VIGENTES EN MÉXICO

En México solo existen dos cuotas compensatorias aplicadas contra importaciones objeto de subvención:

- Contra las importaciones de metoprolol tartrato, originarias de India y
- Contra las importaciones de amoxicilina trihidratada, originarias de India

La cuota compensatoria contra las importaciones de metoprolol tartrato se impuso en la Resolución final que se publicó en el DOF del 25 de julio de 2014. El metoprolol es un antagonista de receptores adrenérgicos cuya indicación terapéutica es principalmente el tratamiento de la hipertensión, como agente único o en combinación con otros antihipertensivos.

En consecuencia, el metoprolol tartrato es empleado por laboratorios farmacéuticos como insumo para la formulación de medicamentos que lo contengan como componente activo. Estos medicamentos se emplean como tratamiento para enfermedades del sistema cardiovascular, por ejemplo, hipertensión, angina de pecho, arritmia cardiaca e infarto agudo al miocardio.

Por su parte la cuota compensatoria impuesta a la amoxicilina trihidratada, único procedimiento que analizó *dumping* y subvención de manera simultánea se impuso en la Resolución final que se publicó en el DOF del 27 de noviembre de 2012. En este caso, la amoxicilina es un antibiótico semisintético derivado de la penicilina y se emplea como materia prima en fabricación de medicamentos que la contienen como elemento activo.

Como se puede observar, en ambos casos, las mercancías sujetas al pago de cuotas compensatorias corresponden a mercancías comunes; es decir, son homogéneas, genéricas, cuentan con un precio internacional relativamente bien identificado y documentado y no cuentan con la capacidad de generar sobreganancias, en consecuencia, las empresas exportadoras recurren a la práctica desleal, en este caso, a la subvención.

Resulta oportuno enfatizar un aspecto que influye de manera relevante sobre la determinación del precio de las mercancías comunes y que es, o debería ser, considerado dentro de los análisis relativos a la determinación de la existencia de prácticas desleales de comercio internacional, particularmente en la parte relativa a la Relación causal, que es el precio de los productos sustitutos.

Con objeto de profundizar sobre éste y otros elementos que influyen directamente sobre el precio de las mercancías comunes, en el apartado próximo se presentan algunos ejemplos que, además de presentar elementos sobre la importancia de la conformación de dicho precio, también nos muestran más información sobre el tipo de productos que son investigados por presuntas prácticas desleales de comercio internacional.

III.5 FACTORES QUE AFECTAN EL PRECIO DE LAS MERCANCÍAS COMUNES

Esta sección tiene por objeto analizar variables puntuales que afectan el precio de las mercancías comunes; considerando los supuestos que se han explicado, en particular, que dado su carácter de *commodity*, producto homogéneo y genérico, su producción no cuenta con la capacidad suficiente para generar sobreganancias, por el contrario, estas mercancías compiten en los mercados internacionales a través de políticas empresariales agresivas que incluyen la aplicación de prácticas desleales de comercio internacional.

a) Precio internacional

Uno de los factores más relevantes de la conceptualización de una mercancía común, particularmente de los *commodities*, es la identificación y documentación de un precio mundial.

Al respecto, en los párrafos 93 y 94 de la Resolución final de la investigación antidumping sobre las importaciones de harina de pescado, originaria y procedente de Chile, publicada en el DOF el 20 de octubre de 1994, se establece que la harina de pescado es un *commodity* que cuenta con referencias precisas que documentan la existencia de un precio mundial, mismo que es determinado por las condiciones de oferta y demanda.

> 93. En lo referente a los factores que determinan el precio mundial de la harina de pescado, el reporte presentado por los exportadores sobre la situación del mercado del harina de pescado elaborado por la Fishmeal Exporters Organization establece que, tal como cualquier otro "commodity", el mercado de la harina de pescado y los precios prevalecientes son determinados por la situación de la oferta y la demanda; no obstante afirma, que en vista del tamaño mínimo del mercado de este producto comparado con el mercado de la harina de soya, "...es claro que los precios de la harina de pescado son fundamentalmente dictados por el nivel de precios de harina de soya, aunque no íntegramente".
>
> 94. La Secretaría consideró válida la conclusión de la Fishmeal Exporters Organization ya que, además de ser completamente consistente con los fundamentos básicos de las teorías generalmente aceptadas, sobre el comportamiento de los precios de los productos considerados como "commodities", el reporte de la Fishmeal Exporters Organization no fue objetado por la solicitante, inclusive, la misma solicitante citó textualmente en

> su comparencia (sic) del 19 de junio de 1994, algunas partes de dicho documento para apoyar sus propios argumentos. Por lo anterior, la Secretaría consideró válido el contenido de dicho reporte y todos los aspectos que se tratan en ese escrito sobre el mercado internacional de la harina de pescado provienen de dicha fuente.

En este orden de ideas, el precio de las mercancías comunes cuenta con una primera referencia, el precio mundial. En este caso, en el párrafo 95 de la resolución mencionada se indica que:

> 95. Los precios mundiales de la harina de pescado se fijan con base en un precio de cotización constituido por el denominado "precio Hamburgo", a menos de que los países productores estén completamente cerrados, la mayor parte de los productores fijan sus precios a partir de esta referencia mundial.

En virtud de lo anterior, podemos concluir sobre dos aspectos: 1) la existencia de un precio mundial tangible que influye de manera directa sobre el precio de la mercancía común en los mercados nacionales y 2) cuando las economías están cerradas, el precio del mercado mundial no influye sobre los precios nacionales.

Con base en el análisis efectuado, podemos afirmar que el precio de las importaciones de mercancías comunes, en condiciones desleales de comercio internacional, está influido, en primer lugar, por la cotización de su precio en el mercado mundial y, a su vez, este precio es resultado directo de la interacción en el mercado de las fuerzas de la oferta y la demanda mundiales.

En el párrafo 96 de la misma resolución se presentan elementos objetivos que determinan la oferta y, en consecuencia, afectan el precio de equilibrio en el mercado.

> 96. En lo referente al comportamiento del mercado mundial de la harina de pescado, durante los años 1990, 1991 y hasta

> mediados de 1992, los precios fueron muy altos debido fundamentalmente a las bajas capturas. En 1992, y en particular durante las últimas seis semanas del año, las capturas pesqueras de la República de Perú y de otras zonas del mundo, principalmente, Escandinavia, se incrementaron "agudamente", lo que provocó la formación de grandes inventarios. La sobreoferta "temporal" durante el primer trimestre de 1993 generó una evolución hacia abajo de los precios no sólo en la República de Perú, sino también en todos los demás competidores como la República de Chile. El aumento de la oferta "...determinó la estructura general de los precios del mercado mundial de harina de pescado durante todo el año de 1993. A diferencia de la República de Perú, en la República de Chile tanto las capturas como la producción y los excedentes exportables de harina de pescado disminuyeron."

Este párrafo nos presenta una explicación general sobre los elementos que inciden directamente sobre el precio de las mercancías comunes. Se puede apreciar que el precio de la harina de pescado está en función de los montos obtenidos en la captura pesquera, mismos que pueden estar afectados por factores diversos, como podrían ser los cambios climáticos, pero este tipo de variaciones también puede alterar el precio de los productos agropecuarios, que está expuesto a factores tan radicales como pueden ser los efectos ocasionados por un huracán o una sequía. En virtud de lo anterior, el precio de las mercancías comunes está expuesto a variables que pueden influir significativamente sobre su volumen de producción, y, en consecuencia, sobre la oferta mundial.

Es importante señalar que el precio de las mercancías comunes no solo está determinado por factores que influyen sobre la oferta, también existen variables que inciden por el lado de la demanda, como veremos en el inciso siguiente.

b) Productos sustitutos

De acuerdo con la teoría microeconómica, la cantidad demandada de un bien X, está determinada por el precio del propio bien X, el ingreso del consumidor, el precio de los sustitutos, el precio de los accesorios y por otros factores (Barajas, J. 1993), como se presenta en la Ecuación **7**.

$$Cx = f\,(Px, I, Ps, Pa, D) \qquad \text{Ecuación 7}$$

Donde:

Cx = Cantidad demandada de X

Px = Precio de X

I = Ingreso

Ps = Precio de los sustitutos

Pa = Precio de los accesorios

D = Otros factores

El objetivo de este inciso es presentar elementos que permitan validar la influencia del precio de los productos sustitutos sobre el precio al que se ofrecen las importaciones de mercancías comunes, objeto de prácticas desleales de comercio internacional.

Con objeto de evaluar los efectos potenciales del precio de las mercancías sustitutas, se valorarán dos investigaciones pertinentes. En primer término, el caso de las importaciones de fructosa, originarias de EUA, que fueron sujetas al pago de cuotas compensatorias en 1997.[42]

---

[42] Resolución final de la investigación antidumping sobre las importaciones de jarabe de maíz de alta fructosa, originarias de EUA, publicada en el DOF el 23 de enero de 1998.

Este caso es relevante porque el producto nacional similar al investigado era la azúcar. En este sentido, la industria azucarera, a través de la Cámara Nacional de las Industrias Azucarera y Alcoholera, solicitó la imposición de cuotas compensatorias al ingreso de las importaciones objeto de *dumping* de jarabe de maíz de alta fructosa (JMAF).

La producción nacional de azúcar argumentó que la fructosa es una mercancía que puede ser empleada como sustituta del azúcar en la producción de refrescos y, por consiguiente, la importación de fructosa a precios *dumping* daña a la producción nacional de azúcar, tal como puede observarse en el párrafo 10 de la Resolución final de la investigación antidumping sobre las importaciones de jarabe de maíz de alta fructosa, originarias de Estados Unidos de América, publicada en el DOF del 23 de enero de 1998.

> 10. Tanto el JMAF de importación como el azúcar de fabricación nacional son compuestos orgánicos de carbono, hidrógeno y oxígeno. Ambos productos pertenecen a los sacáridos, cuya característica fundamental es su sabor dulce. El JMAF y el azúcar tienen un contenido de glucosa y fructosa en una alta concentración, ambos son solubles en agua y su poder edulcorante y nutricional son muy parecidos. Estas características, entre otras, les permiten utilizarse indistintamente en diversas aplicaciones, principalmente dentro de las industrias de bebidas y alimentos.

Este caso da cuenta de cómo la introducción de mercancías comunes hacía mercados de exportación recurre a prácticas desleales de comercio internacional. La generación de excedentes de exportación permite confirmar que la producción de estas mercancías se lleva a cabo a través de economías de escala y que, en consecuencia, las empresas productoras buscan ubicar la oferta exportable en el mercado mundial a través de precios inferiores.

En este caso, la Secretaría de Economía aplicó cuotas compensatorias específicas que iban de $55.37 dólares por tonelada a

$175.50 dólares por tonelada; como se puede observar, los montos señalados ilustran sobre el alcance de la práctica de discriminación de precios efectuada por las empresas exportadoras de EUA.

Por otro lado, analizaremos el citado caso de harina de pescado, originaria de Chile. En esta investigación, la Secretaría incorporó en su análisis dos aspectos fundamentales: la valoración de la harina de soya como producto sustituto y los efectos que sobre el precio del producto investigado ejercieron las condiciones de libre comercio con Chile.

En primer término, se estableció que el mercado de la harina de pescado es de un tamaño significativamente menor, en relación con el mercado de la harina de soya, por lo que el precio de la harina de pescado está influido de manera determinante por el comportamiento del precio de la harina de soya; tal como se estableció en el párrafo 90 de la Resolución final de la investigación antidumping sobre las importaciones de harina de pescado, originaria y procedente de Chile, publicada en el DOF el 20 de octubre de 1994.

> 90. De acuerdo con la información obtenida por los exportadores de la "Fishmeal Exporter Organization" de París, República Francesa, la harina de pescado representa solamente alrededor del 4 al 6 por ciento de la producción y el comercio mundial de los "commodities" que se consideran ricos en proteínas; esta participación tan baja en el mercado de tales productos da como resultado que los precios de la harina de pescado sean altamente sensibles a la competencia con otras fuentes de proteína, en particular, en relación con el harina de soya cuyo precio "...se mantiene como el primer indicador del mercado"; de esta manera, los compradores de harina de pescado a nivel mundial observan el coeficiente del precio de harina de pescado sobre el precio de harina de soya para establecer sus políticas de compra.

Los efectos potenciales del precio de las mercancías sustitutas, sobre el precio del producto investigado es un factor fundamental que debería ser evaluado en el análisis relativo a la relación causal porque puede ser la causa que origina una disminución generalizada del precio internacional de las mercancías comunes que, a su vez, puede estar afectando el comportamiento del precio del producto similar de fabricación nacional.

c) Condiciones de acceso

Un factor adicional que también influye sobre el precio del producto investigado es el relativo a las condiciones de acceso que ofrece el mercado del país importador; es decir, el trato arancelario que aplica el país importador puede determinar el precio, e incluso, el ingreso de las importaciones de mercancías comunes.

En el párrafo 131 de la Resolución final de la investigación antidumping sobre las importaciones de harina de pescado, originarias de Chile, publicada en el DOF del 20 de octubre de 1994, se estableció que el precio de las importaciones chilenas fue consistentemente superior al precio de la harina originaria de Perú.

> 131. Los precios medios de importación del producto peruano han sido consistentemente menores a los precios medios del producto chileno en 1992, 1993 y 1994, pero la causa directa de que las compras de la harina de procedencia chilena hayan aumentado mucho más que las de la República de Perú en el mercado mexicano, a pesar de que los exportadores chilenos han posicionado su precio ligeramente por encima de los precios de la República de Perú, es la preferencia arancelaria que los Estados Unidos Mexicanos otorgan a las importaciones procedentes de la República de Chile, en el contexto del Acuerdo de Complementación Económica entre los Estados Unidos Mexicanos y la República de Chile.

La Secretaría de Economía determinó que la causa que originó que la harina chilena ingresará al mercado mexicano a un precio inferior está relacionada con la preferencia arancelaria que otorgaba el Acuerdo de Complementación Económica (ACE) entre México y Chile, Tratado de Libre Comercio México–Chile.

En general, las condiciones arancelarias de acceso al mercado son un factor que influye, de manera determinante, sobre el precio de las mercancías importadas. En este sentido, podemos señalar que el 78% de las cuotas compensatorias que aplica el Gobierno de México son originarias de países con los que no tenemos tratado de libre comercio; es decir, la carencia de preferencias arancelarias explica, en cierta medida, que las empresas exportadoras recurran a la práctica desleal de comercio internacional.

En el caso de México, el tema relativo al acceso a mercado cobra una relevancia particular, toda vez que nuestro país cuenta con una extensa red de doce Tratados de Libre Comercio con 51 países. En el Anexo V se presenta la relación completa.

Como ocurre con el volumen y precio de las importaciones de productos sustitutos, las condiciones de acceso al mercado, es una variable que puede, en casos particulares, afectar el comportamiento de las importaciones en condiciones desleales de comercio internacional, por lo que, desde el punto de vista económico, esta variable debería ser valorada, de manera expresa, en los análisis de Causalidad.

III.6 CIRCUNSTANCIAS EXCEPCIONALES

Con base en el análisis efectuado en este capítulo, podemos afirmar que, por lo menos, el 66% de las 4,930 cuotas compensatorias, entre derechos antidumping y antisubvención, impuestas por los países Miembros de la OMC, entre 1995 y el primer semestre de 2023, se aplicaron a mercancías correspondientes a tres sectores económicos: a) Métales básicos y sus manufacturas, b) Productos químicos y c) Resinas, plásticos y productos de goma.

En este sentido, podemos confirmar que la mayor parte de las cuotas compensatorias fueron aplicadas a mercancías que pertenecen a sectores que regularmente concentran productos que cuentan con las siguientes características: son insumos empleados en diversas industrias, son bienes homogéneos (muchos de ellos *commodities*) y que, por lo regular, tienen un precio internacional identificado y documentado.

Con objeto de profundizar el análisis efectuado, se incorporó la información de México que publica la Secretaría de Economía. A partir de esta información, se contó con elementos para identificar con precisión a las mercancías importadas que están sujetos al pago de cuotas compensatorias.

La información particular de las mercancías importadas que están sujetas al pago de cuotas compensatorias en México coincide con los datos reportados por la OMC. En nuestro país, el 82% de las medidas vigentes están concentradas en los sectores siderúrgico y químico; en consecuencia, podemos sustentar que la mayor parte de las importaciones que recurren a prácticas desleales de comercio internacional corresponden a mercancías comunes.

En consideración de los dos enfoques que hemos analizado, en relación con las prácticas desleales de comercio internacional, el económico y el jurídico, podemos establecer que este tipo de prácticas se explican en el marco de las estrategias maximizadoras de las empresas exportadoras; en consecuencia, solo se determina su carácter de desleal cuando se cumplen las previsiones de la legislación nacional e internacional; sin embargo, a partir del análisis realizado, podemos afirmar que las prácticas desleales de comercio internacional, más allá de su naturaleza jurídica, pueden ser explicadas en términos económicos.

Efectivamente, se requiere de análisis económico para determinar la existencia de *dumping*, subvención, daño y causalidad; sin embargo, para concluir que los indicadores económicos y financieros de las empresas que componen a la rama de la producción nacional del país importador registran un desempeño negativo y que el daño a dichas variables fue ocasionado por el ingreso de importaciones en condiciones desleales de comercio internacional exige la conjunción de múltiples análisis especializados y situaciones en el mercado y la industria del país importadores.

Al respecto, podemos señalar que la conjunción de estos factores corresponde a una circunstancia excepcional, en consecuencia, las cuotas compensatorias tienen como objeto defender a la producción nacional del ingreso de importaciones en condiciones desleales. Por lo anterior, las cuotas compensatorias pueden ser consideradas como medidas de remedio comercial y no forman parte de los instrumentos de la política comercial, como sería el caso de un arancel.

Entonces, partiendo de la premisa de que las prácticas desleales de comercio internacional se registran en circunstancias excepcionales, el análisis efectuado a lo largo de este capítulo permite concluir que la ciencia económica aporta una metodología de análisis para elaborar una explicación particular sobre este tipo de prácticas.

A partir de los resultados obtenidos, podemos sustentar que parte sustancial de las prácticas desleales de comercio internacional, en México y el mundo, guardan una relación directa con la importación de mercancías comunes; en virtud de loa anterior, la ciencia económica cuenta con las teorías y postulados pertinentes para elaborar una explicación particular para este tipo de prácticas comerciales.

La explicación que podemos elaborar, la construimos con base en los distintos cuerpos teóricos estudiados y estaría de acuerdo con las siguientes premisas:

a. Las mercancías comunes se ajustan al supuesto de bienes homogéneos que consideran como supuesto fundamental las teorías clásica y neoclásica de comercio internacional.
b. Las prácticas de discriminación de precios y de subvención constituyen una parte substantiva de la estrategia de maximización de utilidades de las empresas exportadoras.
c. El mercado de las mercancías comunes registra un precio internacional que, por lo regular, está bien identificado y documentado, y sirve como primera referencia para fijar los precios en los mercados nacionales.
d. Como ocurre en cualquier mercado, en el mercado de las mercancías comunes interactúan variables que determinan la oferta y demanda, por lo que inciden de manera directa sobre el nivel de precios.

Con base en esta amalgama teórica, podemos concluir, de manera general, que el caso excepcional que justifica la imposición de cuotas compensatorias está relacionado con la introducción de mercancías comunes, a precios inferiores al valor normal, en el mercado del país importador.

Capítulo IV. Aplicación del análisis económico al cuerpo normativo

Como se ha explicado, para determinar la existencia de una práctica desleal de comercio internacional se requiere estimar un margen de dumping o de subvención, así como daño a la rama de la industria nacional del país importador y, por último, acreditar que el ingreso de las importaciones objeto de dumping o subvención es la causa del daño a la industria nacional.

En consecuencia, el propósito de este capítulo es explicar la aplicación del análisis económico a la interpretación de las diversas disposiciones establecidas para tal efecto en la legislación nacional e internacional. En el caso particular de la determinación de la práctica desleal, en su modalidad de dumping, se recurre a la Resolución Final del procedimiento administrativo de investigación antidumping sobre las importaciones de trietanolamina originarias de EUA, independientemente del país de procedencia, publicada en el DOF del 27 de enero de 2022.

IV.1 DUMPING

La metodología para estimar el margen de dumping requiere información sobre las ventas totales de la empresa exportadora o, cuando la empresa exportadora no comparece al procedimiento, la mejor información disponible, es decir, la que proporciona la producción nacional.

Con base en la mejor información disponible, se procede al cálculo del precio de exportación, así como del valor normal; recordamos que el precio de exportación se refiere al precio al que la empresa exportadora vendió su producto en el mercado del país importador, mientras que el valor normal constituye el precio al que esta vendiendo la mercancía objeto de análisis en su mercado doméstico.

Finalmente, la metodología exige que la comparación de ambos precios debe darse en el mismo nivel comercial, a nivel ex fábrica o ex works; por lo que, una parte sustantiva del análisis corresponde a la aplicación de los ajustes necesarios para estimar ambos precios a nivel ex fábrica.

a) Precio de exportación

Este precio se estima con base en las ventas que efectuó la empresa exportadora del producto analizado a lo largo del periodo investigado. La empresa clasifica sus operaciones con base en códigos de producto que pueden responder a diferencias físicas, modelos, presentaciones, entre otras; de esta manera, la Autoridad Investigador estima un precio de exportación para cada código, este precio corresponde al precio de venta en el mercado nacional, por lo que, se aplican las disposiciones relativas a los artículos 2.4 del AAD, 36 de la LCE, 53 y 54 del RLCE, para realizar los ajustes correspondientes, por ejemplo, por concepto de empaque, franquicia por flete, flete interno, crédito y seguro.

En el caso de Trietanolamina, la empresa exportadora Dow Chemical presentó información, como se indica en los párrafos 101 a 105 de la Resolución final publicada en el DOF el 27 de enero de 2022.

> 101. Para el cálculo del precio de exportación Dow Chemical proporcionó las ventas de exportación de 5 códigos de producto de trietanolamina a México, realizadas durante el periodo investigado. Sin embargo, derivado del análisis descrito en los puntos 67 a 76 de la presente Resolución, la Secretaría reclasificó dichas ventas en 3 códigos de producto.

102. Dow Chemical precisó que las ventas de exportación a México realizadas durante 2019 se hicieron tanto a su cliente vinculado, como a empresas no vinculadas. Presentó facturas de venta, listas de empaque y documentos relacionados con la movilidad de la mercancía.

103. Mencionó que los precios del producto investigado son netos de descuentos, bonificaciones y reembolsos, luego que algunas ventas fueron ajustadas por notas de crédito o débito relacionadas con correcciones o reclamos en la venta de la mercancía investigada. Explicó que dichos conceptos son aplicados por pedido de venta y se asocian a los números de facturación específicos.

104. Para esta deducción Dow Chemical mencionó que existen cargos por "flete adicional facturado/crédito otorgado" y "ajustes al precio", que corresponden a notas de débito/crédito por diversas razones y varían caso por caso.

105. Adicionalmente, dentro de estos conceptos identificó costos de flete adicionales según el incoterm facturado, facturaciones parciales en el envío de la mercancía hasta el momento de la entrega, gastos relacionados con el uso del medio de transporte elegido. Proporcionó copia de notas de débito/crédito para cada tipo de ajuste.

Con base en lo anterior, podemos afirmar que la estimación del precio de exportación refleja con toda nitidez la aplicación del análisis económico y de la teoría económica, toda vez que la materia de estudio está sustanciada en la valoración del mercado, en particular, de los precios de exportación de cada una de las empresas evaluadas, mismos que constituyen la práctica de discriminación de precios.

b) Valor normal

Como se ha explicado, el valor normal se calcula con base en las ventas internas que la empresa exportadora efectuó, durante el periodo investigado, en su mercado doméstico. La estimación de dicho precio se efectúa a partir de la información que cada empresa analizada presente en el procedimiento.

En el caso de Trietanolamina, la empresa exportadora Dow Chemical presentó información, como se indica en los párrafos 196 a 200 de la Resolución final publicada en el DOF el 27 de enero de 2022.

> 196. Dow Chemical presentó las ventas en el mercado interno durante 2019, relacionadas con 4 códigos de producto vendidos idénticos y un similar. Dow Chemical presentó facturas y documentación que sustentan las ventas en el mercado interno.
>
> 197. Mencionó que no hace distinciones entre usuarios finales y distribuidores, y que la política de precios intercompañía tiene como objetivo otorgar un rendimiento apropiado para la parte compradora relacionada al garantizar que la mercancía investigada tenga un precio adecuado, de modo que refleje correctamente las ganancias en cada jurisdicción.
>
> 198. Respecto al código similar indicó que se trata de un producto de grado comercial envasado en tambor de metal exportado a México que no se comercializó en el mercado estadounidense, por lo que propuso un código que se trata esencialmente del mismo producto en su presentación a granel. En consecuencia, tiene las mismas características y composición, cumplen las mismas funciones y son comercialmente intercambiables.
>
> 199. Indicó que los precios de las ventas internas están sujetos a descuentos aplicados a las órdenes de venta originales y están asociados con los números de factura específicos. Los conceptos deducidos corresponden a reembolsos y bonificaciones, así como ajustes relacionados al precio de la mercancía investigada y flete interno. Proporcionó una muestra de notas de crédito y débito de acuerdo con la modificación correspondiente, así

como pantallas relacionadas a estado de descuentos, reembolsos o bonificaciones aplicadas por operación.

200. Señaló que las ventas en el mercado interno constituyen una base razonable para determinar el valor normal de cada producto comparable a los exportados a México, ya que se trata de precios de venta determinados y acordados entre Dow Chemical y sus clientes, mismos que reflejan condiciones de libre mercado. Asimismo, el volumen de ventas internas de los códigos de producto es superior al volumen de sus exportaciones a México y se realiza en el curso de operaciones comerciales normales, por lo anterior, los precios en el mercado interno permiten una comparación válida con el precio de exportación a México, y constituyen la mejor información disponible para el cálculo.

Asimismo, y con objeto de proceder a una comparación equitativa con el precio de exportación, la Autoridad Investigadora, con fundamento en las disposiciones previstas en los artículos 2.4 del AAD, 36 de la LCE, 53 y 54 del RLCE, aplica los ajustes correspondientes para estimar el valor normal a nivel ex fábrica; para tal efecto, valora información relativa a empaques, fletes, seguros y créditos, entre otros.

En el caso de Trietanolamina, la empresa exportadora Dow Chemical presentó información, como se indica en el párrafo 203 de la Resolución final publicada en el DOF el 27 de enero de 2022.

203. Dow Chemical propuso ajustar el valor normal, por términos y condiciones de venta, específicamente, por empaque y manejo, franquicia por flete, flete interno, crédito, crédito por comprobante de venta (CUPS, por las siglas en inglés de Credit Upon Proof of Sale) y seguro. La metodología de cálculo y las pruebas proporcionadas para sustentar los ajustes, excepto para el CUPS, fueron descritas en los puntos 109 a 122 de la presente Resolución.

Con base en la mejor información disponible, operaciones de venta al mercado doméstico de la empresa exportadora, así como los ajustes aplicados para estimar el valor normal a nivel ex fábrica, la Autoridad Investigadora determina la cuantía del valor normal que servirá para ser comparado con el precio de exportación.

Al respecto, es oportuno enfatizar que, de acuerdo con el artículo 2.1 del AAD, el valor normal debe estimarse *en el curso de operaciones comerciales normales*, lo que implica un análisis integral de las condiciones del mercado doméstico de la empresa exportadora. Este requerimiento del procedimiento antidumping requiere de la aplicación de análisis económico, así como de teoría económica, pues de otra manera no sería posible valorar las condiciones de competencia que imperan en el mercado analizado.

c) Margen de dumping

Con fundamento en los artículos 2.1, 6.8 y Anexo II del AAD, 30, 54 y 64 de la LCE, 38 y 39 del RLCE, la Autoridad Investigadora procede a la determinación del margen de dumping para cada empresa exportadora, a través de la comparación del valor normal con el precio de exportación.

Desde el punto de vista económico, la discriminación de precios constituye una política de precios a la que recurre cualquier agente económico con objeto de maximizar sus utilidades. A través de la aplicación de la teoría económica, y empleando las metodologías descritas, se analiza el comportamiento de los mercados, en específico, el mercado del país importador, y más allá de la práctica de discriminación de precios, el análisis económico nos permite arribar a conclusiones más profundas sobre las condiciones de competencia en el mercado.

En particular, el análisis económico nos permite contar con elementos objetivos para explicar la estructura del mercado del país importador, por lo regular, caracterizada por condiciones de competencia imperfecta, donde las empresas exportadoras concurren aplicando políticas de discriminación de precios, buscando colocar los excedentes de producción que generan sus economías de escala.

Como se pudo constatar en el capítulo anterior, la mayor parte de las cuotas compensatorias se aplican, en México y en el mundo, contra el ingreso de mercancías comunes, que compiten en precio debido a los bajos costos de producción que obtienen las empresas exportadoras, gracias a los volúmenes de producción que pueden generar a través de economías de escala, mismas que están soportadas en la amplitud de la capacidad instalada que poseen, que por lo regular son sustancialmente superiores a las que registran los países importadores, en este caso México.

IV.2 SUBVENCIONES

Con objeto de ilustrar la práctica, se recurre a la Resolución final de la investigación antisubvención sobre las importaciones de metoprolol tartrato, originarias de la República de la India, independientemente del país de procedencia.

En investigaciones antisubvención, la Autoridad Investigadora analiza la naturaleza de la subvención y, de acuerdo con los artículos 1 y 2 del ASMC, determina si es objeto de aplicación de cuotas compensatorias; en particular, valora si se trata de una subvención específica; es decir que beneficia solo a una empresa, rama de producción, grupo de empresas o ramas de producción.

En el caso de Metoprolol, la Autoridad Investigadora analizó la naturaleza de los programas de subvención que otorga el gobierno de India, a escala nacional y regional. Sobre los programas nacionales, se determinó que los programas de subvención contemplan incentivos fiscales, así como la promoción de la actividad exportadora, tal como se explica en los párrafos 35 a 39 de la Resolución final publicada en el DOF del 25 de julio de 2014.

> 35. Los programas de incentivos de escala nacional son aplicables para las unidades industriales ubicadas en cualquier región del país siempre y cuando cumplan con los requisitos de elegibilidad correspondientes.
>
> 36. Estos incentivos son otorgados al amparo de la Sección 5 de la Ley de Comercio Exterior de India (Desarrollo y Reglamentación) No. 22 de 1992. Esta ley autoriza al gobierno de ese país a expedir notificaciones sobre la política de exportación e importación, mismas que se encuentran resumidas en las "Políticas de exportaciones e importaciones" o "Política de Comercio Exterior" (Política Exim).
>
> 37. Sinbiotik manifestó que los principales objetivos de la Política Exim son:
>
> a. facilitar el crecimiento sostenido de las exportaciones para duplicar la participación en el comercio global de bienes y servicios para 2020;
>
> b. estimular el crecimiento económico a través de incentivos fiscales, cambios institucionales, simplificación de procedimientos, mejorando el acceso a los mercados y la diversificación de los mercados de exportación, y
>
> c. mejorar la infraestructura de exportación, disminuir los costos de transacciones y proveer la devolución de impuestos indirectos y gravámenes.
>
> 38. Los departamentos gubernamentales, así como los gobiernos estatales de India participan en el logro de los objetivos de esa política. El Ministerio de Comercio e Industria y la Dirección General de Comercio Exterior de India son las principales autoridades asociadas con esta política. En general existe libertad para importar y exportar, excepto en aquellos casos que están regulados por la Política Exim o las leyes. Se requiere una licencia, certificado, permiso o aviso público para exportar cualquier bien cuya exportación esté restringida.

> 39. La Secretaría determinó que los programas de subvenciones de escala nacional en India son sujetos a medidas compensatorias de conformidad con los artículos 1.1 inciso a) 1) romanita ii); 1.1 inciso b); 2.3 y 3.1 inciso a) del ASMC y 37 de la LCE, debido a que sus beneficios se encuentran supeditados a los resultados de exportación.

Asimismo, el análisis se completó con la valoración de los programas que se aplican a escala regional. En este caso, la Autoridad Investigadora identificó a los gobiernos y autoridades locales que otorgan las subvenciones y analizó la naturaleza de los programas, tal como se explica en los párrafos

> 87. Estos programas son otorgados por los gobiernos o autoridades regionales. Sinbiotik presentó pruebas de la existencia de plantas productoras de la mercancía investigada en las siguientes regiones: a. Zona Noreste, b. Zonas Económicas Especiales (SEZ, por sus siglas en inglés) y c. Provincia de Gujarat. Proporcionó los reportes anuales de las empresas Ipca Laboratories y Sun Pharmaceutical del año 2012, en los que identificó la distribución de plantas productoras en cada una de las zonas mencionadas.
>
> 88. De acuerdo con Sinbiotik, los programas de subvenciones de escala regional se ubican en los supuestos contenidos en los artículos 1.1 inciso a) 1) romanita ii), 1.1 inciso b) y 2.2 del ASMC y 37 de la LCE, por estar limitados a determinadas empresas situadas en una región geográfica designada de la jurisdicción de la autoridad otorgante. Es preciso señalar que el caso del programa de Exención del Impuesto sobre la Renta (ITE, por sus siglas en inglés) aplicable a las SEZ, adicionalmente se ubica en los supuestos previstos en los artículos 2.3 y 3.1 inciso a) del ASMC.

Con base en el análisis que se efectúa a los diversos programas de subvención, la Autoridad Investigadora determina, es su caso, que cada uno de los programas de subvención que otorga el gobierno del país exportador, en este caso India, constituyen contribuciones financieras que confieren un beneficio a las empresas exportadoras, con lo que se surten las previsiones establecidas en los artículos 1, 2, 3, 14 y Anexo I del ASMC, y 37 fracción I de la LCE.

Posterior a la determinación de la práctica de subvención, la Autoridad Investigadora procede al cálculo del margen de subvención, para ello, estima los porcentajes establecidos en las diversas fuentes en las que se encuentran fundamentados los diferentes programas de incentivos analizados, en este caso, nacionales y regionales.

En el caso de Metoprolol, la Secretaría de Economía determinó un margen de subvención de 56.85%, tal como se establece en el párrafo 142 de la resolución final publicada en el DOF del 25 de julio de 2014.

> 142. Con base en lo anterior, la Secretaría determinó en 56.85% la cuantía de la subvención sobre las importaciones de metoprolol originarias de India, la cual corresponde a la suma de los márgenes de subvenciones para cada uno de los programas considerados, de conformidad con los artículos 12.7 del ASMC y 54 y 64 de la LCE.

Sobre la determinación de la práctica de subvención, es fundamental señalar la relevancia que tiene la investigación y documentación de los programas de subvención analizados, así como la metodología económica que se aplica para estimar el margen de subvención, pues dicho margen representa la diferencia entre el precio subvencionado, en relación con el precio no subvencionado de la mercancía investigada.

Finalmente, es oportuno subrayar que, si bien la práctica de subvención es considerada como una práctica desleal de comercio internacional, desde el punto de vista económico cuenta con una naturaleza muy distinta a la práctica de discriminación de precios, pues, en el caso de las subvenciones se trata de un instrumento claramente previsto en la política comercial que está disponible para que los gobiernos nacionales ejecuten políticas públicas de fomento industrial y promuevan el crecimiento de determinadas industrias y regiones al interior de su territorio.

IV.3 DAÑO

La determinación de daño se efectúa con base en los artículos 3 del AAD y 15 del ASMC, según sea el caso; en este apartado, la explicación se concentra en la determinación de daño en una investigación antidumping.

La metodología para determinar la existencia de daño a la rama de la producción nacional exige una evaluación integral, y en orden, de todos los puntos que integran al artículo 3 del AAD; en primer término, se valora el volumen de las importaciones objeto de dumping, en particular, de su incremento (artículos 3.1 y 3.2 del AAD).

En la Gráfica **9** se presenta un ejemplo de crecimiento de las importaciones investigadas, en este caso, las importaciones objeto de dumping aumentaron 90 unidades entre 2021 y 2023, crecimiento que equivale a un incremento de 900% a lo largo del periodo analizado.

Es importante señalar que las importaciones objeto de dumping aumentaron 80 unidades en 2023, crecimiento que equivale a un incremento de 500%; la parte sustancial del aumento de las importaciones se presentó en 2023, el periodo investigado; es decir, el periodo donde se determinó la existencia de la práctica de discriminación de precios o dumping.

El análisis de las importaciones incluye una evaluación del crecimiento que presentaron las importaciones objeto de dumping en relación con el mercado interno, medido como CNA, tal como se puede observar en la Gráfica **10**.

Gráfica 9. Importaciones investigadas. Crecimiento

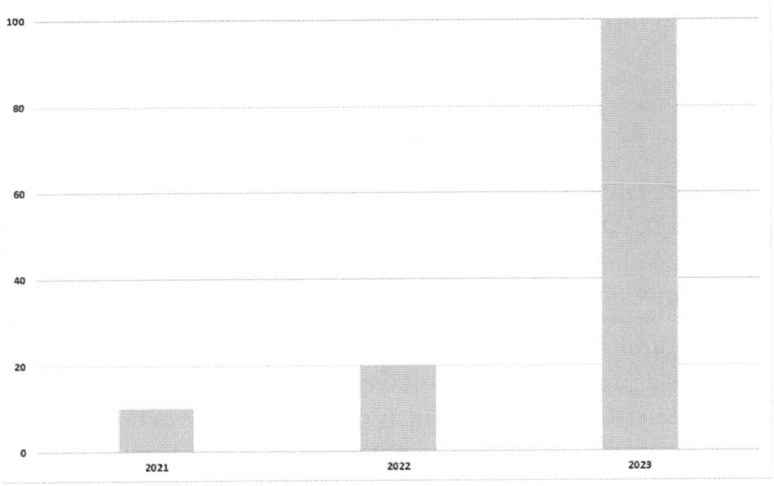

Elaboración propia.

En este ejemplo, las importaciones investigadas representaron 10% del mercado interno en 2021 y aumentaron su participación a 87% del mercado interno del país importador en 2023. Por su parte, la producción nacional mantuvo el 80% del mercado en 2021 y disminuyó su cuota a 9% en 2023; es decir, las importaciones objeto de dumping desplazaron a la producción nacional a lo largo del periodo analizado, en particular, durante el periodo investigado, evidentemente, dañando a la rama de la producción nacional del país importador.

Continuando con la interpretación del artículo 3 del AAD, el artículo 3.1 establece el análisis que debe realizarse a los precios de las importaciones investigadas, así como de los efectos que registraron sobre los precios de las mercancías que ofrece la producción nacional.

Gráfica 10. Importaciones investigadas en relación con el mercado interno del país importador

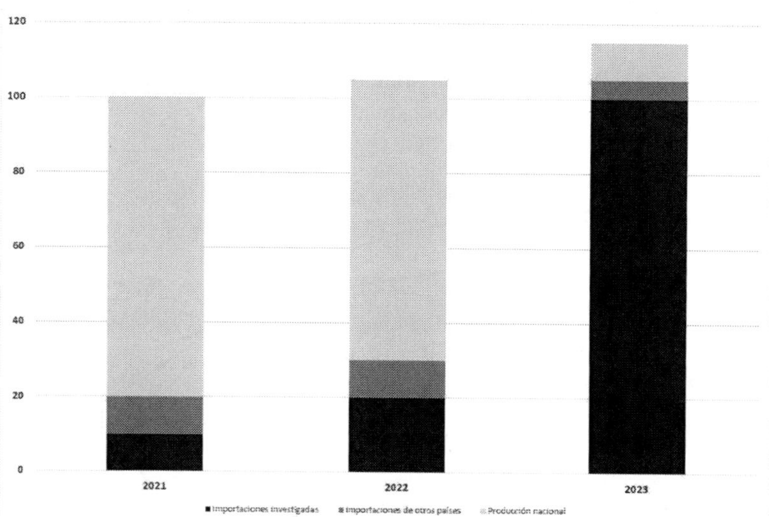

Elaboración propia.

En particular, se debe determinar la existencia de márgenes de subvaloración, es decir, que el precio de las importaciones objeto de dumping es inferior al precio del producto nacional. En la Grafica **11** se presentan, en líneas, el precio de las importaciones investigadas y el precio nacional

El precio de las importaciones objeto de dumping disminuyó 45% entre 2021 y 2023, presionando al precio nacional, que se contrajo 30% en el mismo lapso. Asimismo, el precio de las importaciones investigadas fue 10% superior al precio de la producción nacional en 2021; sin embargo, la disminución que observó el precio de las importaciones objeto de dumping originó que se ubicará 14% por debajo del precio nacional en 2023.

Es decir, se estimó un margen de subvaloración de 14% durante el periodo investigado, con lo que se confirmó que el incremento en el volumen de las importaciones investigadas, acompañado con la disminución de su precio, permitieron el crecimiento de la cuota de mercado de las importaciones objeto de dumping, en detrimento de la producción nacional.

Gráfica 11. Precios de las importaciones objeto de dumping y de la producción nacional

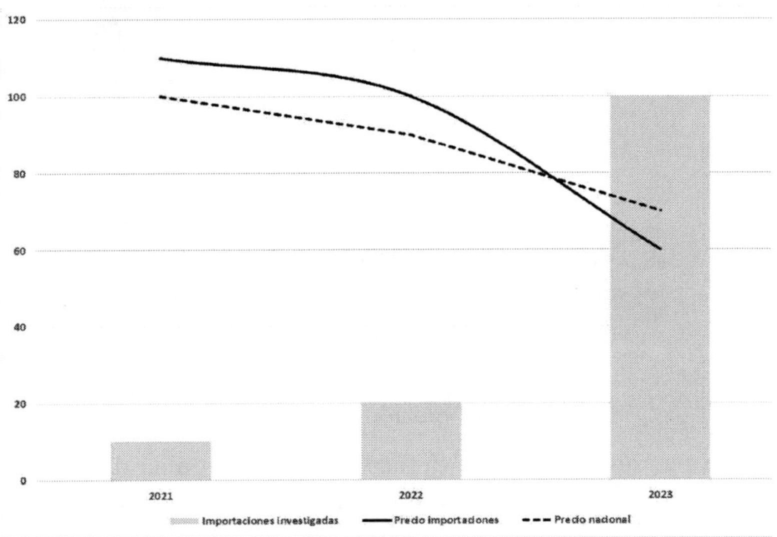

Elaboración propia.

Una vez que se cuenta con un análisis integral de las disposiciones de los artículos 3.1 y 3.2 del AAD, es decir, de los volúmenes y precios de las importaciones objeto de dumping, la metodología para determinar la existencia de daño a la rama de la producción nacional del país importador exige un examen sobre la repercusión **de las importaciones investigadas sobre los indicadores económicos y financieros de la rama de la producción nacional, tal como se establece en el artículo 3.4 del AAD.**

Siguiendo con el ejemplo hipotético que estamos manejando para explicar la metodología para determinar la existencia de daño, la rama de la producción nacional del país importador registró los efectos que se describen a continuación.

- **Ventas al mercado interno**

Disminuyeron 88% entre 2021 y 2023.

- **Producción**

Se considera que la rama de la producción nacional destina el 50% de su producción al mercado de exportación, de manera que, la producción disminuyó 44% entre 2021 y 2023.

- **Utilización de la capacidad instalada**

Se considera que la rama de la producción nacional utilizaba el 80% de su capacidad instalada en 2021, en consecuencia, la utilización de su capacidad instalada perdió 35 puntos porcentuales a lo largo del periodo analizado.

En la Gráfica **12** se presentan los efectos que las importaciones objeto de dumping ocasionaron sobre la producción, las ventas internas y la utilización de la capacidad instalada de la rama de la producción nacional del país importador.

En la gráfica se observa la relación que existe entre el crecimiento que observaron las importaciones objeto de dumping, que desplazo a las ventas al mercado interno, lo que, a su vez, propició una menor producción, así como un porcentaje menor de utilización de la capacidad instalada de la rama de la producción nacional en el país importador.

Gráfica 12. Efectos ocasionados por las importaciones objeto de dumping sobre la producción, ventas internas y utilización de la capacidad instalada

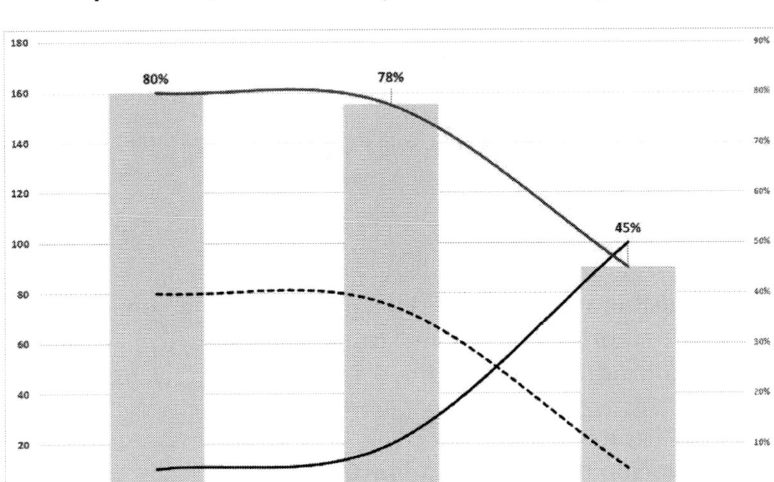

Elaboración propia.

- **Utilidades**

Las utilidades son la variable financiera más representativa del análisis, pues su evolución resulta esencial para determinar el daño que sufrió la rama de la producción nacional; asimismo, es importante señalar que se analizan las utilidades a nivel operativo.

El mecanismo de transmisión funciona de la manera siguiente: las importaciones objeto de dumping desplazan a las ventas internas de la producción nacional, en consecuencia, las empresas nacionales venden menos volumen y a precios más bajos, lo que se traduce en un menor ingreso por ventas.

Evidentemente, un menor ingreso por ventas afecta directamente a las utilidades que genera cualquier empresa, así como al resto de sus variables financieras, como el flujo de caja, el rendimiento de las inversiones, así como la capacidad de reunir capital o la inversión.

En el ejemplo que estamos explicando, como resultado de la disminución en ventas (88%) y precios (30%), se estimó que los ingresos por ventas internas disminuyeron 46%, asumiendo que la empresa destina el 50% de su producción a mercados de exportación.

En consecuencia, las utilidades operativas de la rama de la producción nacional disminuyeron 84% entre 2021, mientras que el margen operativo perdió 13 puntos porcentuales, tal como se presenta en la Grafica 13.

Gráfica 13. Utilidades operativas, Margen operativo e Ingresos totales

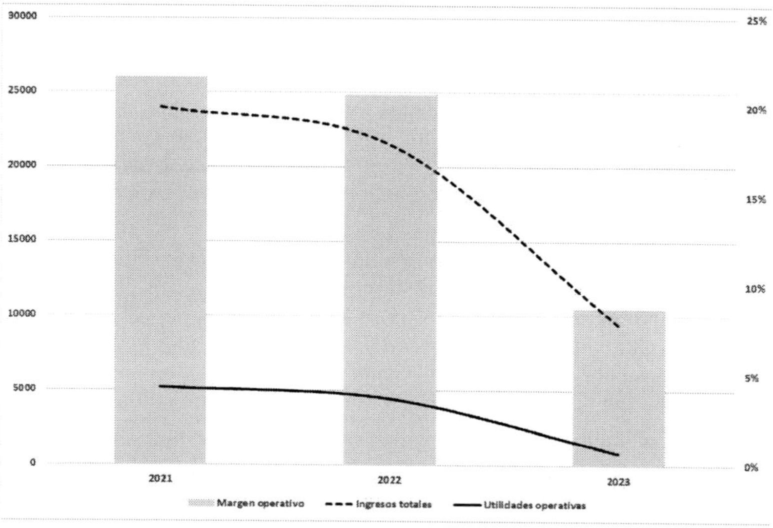

Elaboración propia.

En realidad, cuando se configuran comportamientos de este tipo, con el consecuente daño a los indicadores económicos y financieros explicados, los efectos se transmiten al resto de las variables establecidas en el artículo 3.4 del AAD, entre las que se encuentran productividad, salarios, inventarios, empleo, entre otros.

En el caso de Trietanolamina, la Autoridad Investigadora concluyó, en el párrafo 421 de la Resolución final publicada el 27 de enero de 2022, que las importaciones objeto de dumping afectaron negativamente a las ventas al mercado interno (inciso d), producción, participación de mercado, ingresos, empleo, salarios, productividad, inventarios, utilización de la capacidad instalada, utilidades operativas, margen operativo y capacidad de reunir (inciso f).

> 421. Con base en los resultados del análisis de los argumentos y pruebas descritos en la presente Resolución, la Secretaría concluyó que existen elementos suficientes que sustentan que, durante el periodo investigado, las importaciones de trietanolamina originarias de los Estados Unidos se realizaron en condiciones de discriminación de precios y causaron daño material a la rama de producción nacional del producto similar. Entre los principales elementos evaluados de forma integral, que sustentan esta conclusión, sin que éstos puedan considerarse exhaustivos o limitativos de aspectos que se señalaron a lo largo de la presente Resolución, destacan los siguientes:
>
> a. Las importaciones del producto objeto de investigación se efectuaron con un margen de discriminación de precios de entre 0.0767 y 0.2629 dólares por kilogramo. En el periodo investigado, las importaciones originarias de los Estados Unidos representaron el 99% de las totales.
>
> b. Las importaciones del producto objeto de investigación se incrementaron en términos absolutos y relativos; durante el periodo analizado, registraron un crecimiento del 21% y aumentaron su participación en el CNA en 12.1 puntos porcentuales, o bien, 16.5 puntos porcentuales en el consumo interno.
>
> c. Los precios de las importaciones investigadas se situaron por debajo del precio promedio de las ventas al mercado interno de la rama de producción nacional a lo largo del periodo analizado con márgenes de subvaloración de 9% en 2017, 18%

en 2018 y 15% en el periodo investigado. Lo anterior, considerando que el bajo nivel de precios de las importaciones investigadas observado en el periodo analizado está asociado con volúmenes crecientes de las mismas, una mayor participación en el mercado nacional y el desplazamiento de ventas de mercancía fabricada por IDESA.

d. Ante el incremento significativo de las importaciones en condiciones de dumping a precios decrecientes, el precio de venta al mercado interno disminuyó 9% en el periodo investigado y 1% en el analizado.

e. Destaca que la rama de producción nacional se vio imposibilitada de recuperar sus costos de producción y operación a través de los precios nacionales en el periodo analizado, lo que causó un impacto negativo en el comportamiento de sus indicadores financieros, pues mientras que en el periodo analizado los costos unitarios crecieron 3.4%, los precios de venta al mercado interno disminuyeron 6.5% (ambos expresados en pesos constantes).

f. La concurrencia de las importaciones de trietanolamina originarias de los Estados Unidos, en condiciones de discriminación de precios, incidió negativamente en los indicadores económicos y financieros relevantes de la rama de producción nacional, durante el periodo analizado, entre ellos: producción, producción nacional orientada a mercado interno, participación de mercado, ventas al mercado interno, ingresos por dichas ventas, empleo, salarios, productividad, nivel de inventarios, relación de inventarios a ventas, utilización de la capacidad instalada, utilidades operativas y margen operativo; así como resultados negativos en el ROA y capacidad de reunir capital limitada.

g. En el periodo investigado, la rama de producción nacional observó una caída en el volumen y precio de las ventas al mercado interno, afectación en el empleo, con un incremento significativo en el nivel de inventarios y relación de inventarios a ventas; destaca una disminución en las utilidades operativas, ingresos y margen operativo; así como resultados negativos en el ROA, flujo de caja y la capacidad de reunir capital es poco satisfactoria.

h. Existe una clara sustitución de trietanolamina nacional por la importada en condiciones de dumping.

i. Los Estados Unidos fue el principal productor de etanolaminas y exportador del producto objeto de investigación en el periodo investigado. Ello, aunado a las restricciones comerciales que los Estados Unidos enfrentan por medidas antidumping en Brasil y China, indica que continuará exportando el producto objeto de investigación al mercado mexicano en condiciones de discriminación de precios.

j. no existen elementos que indiquen la concurrencia de otros factores distintos a las importaciones originarias de los Estados Unidos, realizadas en condiciones de discriminación de precios, que pudiera romper el nexo causal entre las importaciones objeto de discriminación de precios y el daño material a la rama de producción nacional.

En virtud de lo anterior, podemos afirmar que las disposiciones del artículo 3 del AAD exigen la aplicación de una metodología que se concentra en análisis económico, sectorial, de competencia y de economía internacional, para concluir la existencia de daño a la rama de la producción nacional y, en consecuencia, la práctica de dumping se configura como práctica desleal de comercio internacional.

IV.4 CAUSALIDAD

El artículo 3.4 del AAD establece que la demostración de una relación causal entre las importaciones objeto de dumping y el daño a la rama de la producción nacional se basará en un examen de todas las pruebas disponibles. Para tal efecto, la Autoridad Investigadora analizará los efectos que pudiera causar cualquier factor distinto a las importaciones objeto de dumping; es decir, valorará la existencia de Otros factores de daño.

El propio artículo menciona, de manera no limitativa, entre los factores que deben integrarse en el análisis a las variables siguientes:

- Importaciones no vendidas a precios de dumping.
- Contracción de la demanda.
- Actividad exportadora.
- Evolución de la tecnología.

En el ejemplo hipotético que se está manejando a lo largo de este capítulo para explicar la metodología de daño, se observa que las importaciones originarias de otros países (importaciones no vendidas a precios de dumping) no solo no aumentaron, por el contrario, disminuyeron 50% entre 2021 y 2023, por lo que no pudieron ser la causa del daño a la rama de la producción nacional.

Asimismo, el mercado nacional registró una expansión de 15% a lo largo del periodo analizado, en consecuencia, no existen elementos objetivos para acreditar la existencia de una contracción del mercado, y que ésta hubiera causado algún tipo de daño.

Es pertinente señalar que existen casos en que los resultados que arroja el análisis del mercado dan cuenta de nuevos productos, obtenidos mediante la evolución de la tecnología, que sustituyen al producto de fabricación nacional, en estos casos excepcionales, se puede atribuir el desplazamiento de las ventas internas de la rama de la producción nacional a la evolución de la tecnología, y no a las importaciones objeto de dumping.

Finalmente, los resultados de la actividad exportadora se refieren a las ventas que la rama de la producción nacional destina a los mercados de exportación; en el ejemplo, hipotético que estamos manejando para explicar la metodología de daño, se consideró que las exportaciones constituyen el 50%

de la producción nacional y se mantuvieron estables a lo largo del periodo 2021 – 2023, por lo que, no se puede acreditar que los resultados de la actividad exportadora abonaron al daño.

En la Grafica **14** se presenta el análisis para determinar la relación causal entre las importaciones objeto de dumping y el daño. En la gráfica se exhibe la evolución de las importaciones objeto de dumping, las importaciones no vendidas a precios dumping, el mercado interno y las exportaciones que efectuó la rama de la producción nacional durante el periodo 2021 – 2023.

Gráfica 14. Causalidad

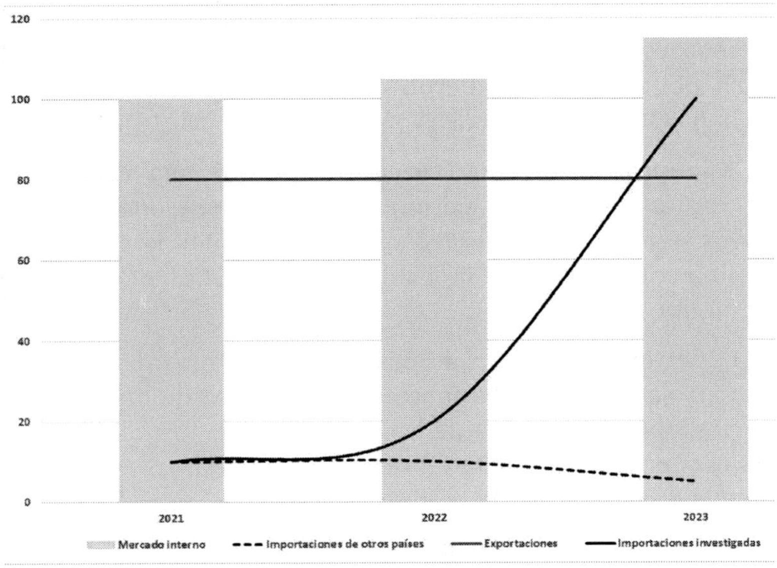

120
100
80
60
40
20
0
2021 2022 2023
Mercado interno
Importaciones de otros países
Exportaciones
Importaciones investigadas

Elaboración propia.

En el caso de Trietanolamina, la Autoridad Investigadora analizó la existencia de otros factores de daño, tal como se explica en el párrafo 411 de la Resolución final publicada en el DOF del 27 de enero de 2022.

411. De acuerdo con los elementos que proporcionaron las partes y la información que consta en el expediente administrativo del caso, la Secretaría valoró los factores distintos a las importaciones investigadas que al mismo tiempo pudieran afectar a la rama de producción nacional y confirmó lo siguiente:

a. la demanda del producto objeto de investigación, medida por el CNA, registró una caída acumulada del 9% en el periodo analizado; disminuyó 0.4% en 2018 con respecto al periodo anterior comparable, y cayó 8% en el periodo investigado. En los mismos periodos, el consumo interno también registró una caída del 17%, 4% y 14%, respectivamente;

b. la contracción del mercado, medido por el CNA, o bien, por el consumo interno, no se identifica como la causa del daño alegado, pues, en todo caso, fueron las importaciones del producto objeto de investigación las que se beneficiaron, cuando aumentaron su participación en el CNA en 12.1 puntos porcentuales en el periodo analizado, en tanto que, en el consumo interno, la incrementaron en 16.5 puntos porcentuales, en detrimento de la producción nacional orientada al mercado interno y en especial de las ventas al mercado interno, dado que su participación de mercado disminuyó en 12.4 y 16.8 puntos porcentuales, respectivamente, en el periodo analizado;

c. en este contexto del desempeño del mercado nacional, la Secretaría tampoco tuvo elementos que indicaran que las importaciones de otros orígenes pudieran contribuir al daño a la industria nacional, ya que dichas importaciones son insignificantes al representar menos del 1% de las importaciones totales, por lo que, su contribución en el mercado resulta también ser insignificante. Asimismo, los precios de las importaciones investigadas se ubicaron por debajo de los precios de las importaciones de otros orígenes durante el periodo investigado;

d. en cuanto al desempeño exportador de la rama de producción nacional, si bien, las exportaciones de trietanolamina de producción nacional aumentaron 4% en el periodo analizado, representaron en promedio el 40% del volumen de las ventas totales, lo que refleja que la rama de producción nacional se orienta en mayor medida al mercado interno, donde compite con las importaciones en condiciones de discriminación de precios, de modo que no pudieron contribuir de manera fundamental en el desempeño de los indicadores económicos y financieros de la rama de producción nacional;

e. el comportamiento de la productividad de IDESA, calculada como el cociente de su producción y empleo, no pudo causar daño a la rama de producción nacional, pues si bien este indicador acumuló una caída del 6% durante el periodo analizado (disminuyó 16% en 2018 con respecto a 2017 y aumentó 13% en el periodo investigado), también es cierto que el desempeño de este indicador es resultado de la caída de la producción de la rama de producción nacional y el empleo, como consecuencia del incremento de las importaciones investigadas, situación que ocurrió ante un incremento en el nivel de inventarios, y

f. la información que consta en el expediente administrativo del caso no indica que hubiesen ocurrido innovaciones tecnológicas, tampoco cambios en la estructura de consumo, o bien, prácticas comerciales restrictivas que pudieran afectar el desempeño de la rama de producción nacional.

Con base en la explicación elaborada a lo largo del capítulo se concluye que la determinación de la práctica desleal, dumping, subvención, daño y relación causal, está sujeta a las disposiciones establecidas *exprofeso* en la legislación nacional e internacional; sin embargo, la interpretación de dichas disposiciones se realiza a través de una metodología que exige la aplicación de un análisis, técnico y especializado, que requiere de conocimientos profundos en materia de teoría económica, economía internacional, competencia económica y economía sectorial.

En este sentido, resulta fundamental enfatizar que la determinación del dumping y las subvenciones, como prácticas desleales de comercio internacional, requiere del análisis económico de los elementos objetivos disponibles a lo largo del procedimiento administrativo.

Conclusiones

A partir del recorrido histórico realizado a lo largo de la teoría clásica del comercio internacional, podemos concluir que ésta se construyó a lo largo de más de cuatro siglos, y que se está reelaborando de manera permanente, siempre tomando en cuenta el conocimiento acumulado de manera previa.

Después de los primeros antecedentes que se analizaron, la primera aproximación teórica sobre el comercio internacional, la ventaja absoluta, fue formalizada a partir de la contrastación y complementación de los primeros postulados vertidos por mercantilistas y fisiócratas. De manera posterior, la teoría de la ventaja comparativa se elaboró a partir de la ventaja absoluta.

Existen explicaciones particulares sobre la ventaja comparativa. El modelo de David Ricardo aporta una determinación de la ventaja comparativa con base en las diferencias nacionales de la productividad del trabajo. Todo el andamiaje que provee la teoría clásica del comercio internacional toma en cuenta los supuestos fundamentales de la teoría económica clásica, que aborda el análisis económico por el lado de la oferta, pues considera mercados de competencia perfecta, rendimientos constantes, productos homogéneos, entre otros.

En el siglo XX, la teoría neoclásica incorpora el análisis de la demanda y, con ello, del equilibrio general. En este contexto, se elabora un modelo, que tiene por objeto presentar una explicación, sobre otro caso particular de la ventaja comparativa, nos referimos al modelo Heckscher- Ohlin. Este modelo explica los flujos de comercio en función de las diferencias nacionales de la dotación de factores productivos; con posterioridad al modelo Heckscher-Ohlin, Paul Krugman elaboró el modelo Estándar que tiene como propósito presentar una explicación general acerca de la ventaja comparativa.

Durante la parte final del siglo XX, Krugman participó en la construcción de la denominada Nueva Teoría del Comercio Internacional que, aunque forma parte de la escuela neoclásica, ajusto algunos supuestos relevantes, puesto que consideró rendimientos crecientes que permiten la generación de economías de escala, así como mercados de competencia imperfecta.

Con el objeto específico de elaborar una explicación económica del *dumping*, se procedió a analizar la teoría del *dumping*, sin embargo, se observó que hacía falta un elemento que permitiera la relación entre las teorías de comercio internacional, con la teoría del *dumping*, en consecuencia, se incorporó el estudio de la teoría de la renta, en particular, de la renta económica internacional.

Tomando en cuenta que la maximización de las utilidades es el factor esencial de toda economía de mercado, la renta económica internacional aporta una explicación general sobre el nivel de ganancias que puede servir de referencia en un mercado específico, sobre todo, considerando la competencia internacional.

A partir del análisis de la renta económica internacional, y de manera general, se concluyó que solo las mercancías diferenciadas cuentan con la capacidad de generar sobre ganancias, es decir, ganancias superiores al nivel medio de ganancia; por el contrario, las mercancías comunes no cuentan con dicha capacidad, más bien, lo contrario.

Una vez que se explicó la aportación de la teoría de la renta, la explicación económica del *dumping* se puede completar incorporando los elementos básicos de la propia teoría del *dumping;* es decir, la discriminación de precios es una práctica disponible para las empresas, en este caso, exportadoras de mercancías comunes.

El *dumping* consiste en vender la misma mercancía a diferentes precios, a distintos mercados, entonces, cuando hablamos de discriminación de precios en el mercado mundial, se considera que la empresa exportadora puede aumentar o disminuir el precio de un producto, en relación con su valor normal. Evidentemente, nuestra materia de estudio implica las prácticas de *dumping*, que se presentan cuando el exportador disminuye el precio de exportación, en relación con su valor normal.

Desde el punto de vista jurídico, las prácticas de *dumping* y subvención, solo pueden configurarse cuando se cumplen las previsiones que están expresamente establecidas en la legislación nacional e internacional; en términos generales, que los indicadores económicos y financieros de la rama de la producción nacional exhiban afectaciones negativas y que el ingreso de las importaciones en condiciones desleales de comercio internacional fue la causa del daño que registran los indicadores mencionados.

En particular, la determinación de las prácticas desleales de comercio internacional está sujeta a la aplicación de la legislación nacional e internacional. La legislación nacional está comprendida en la Ley de Comercio Exterior y su Reglamento; por su parte, la internacional se refiere al Acuerdo relativo a la Aplicación del Artículo VI del Acuerdo General sobre Aranceles Aduaneros y Comercio de 1994 (conocido como Acuerdo Antidumping) y al Acuerdo sobre Subvenciones y Medidas Compensatorias.

Se estableció que existen conceptos indispensables que deben ser comprendidos para efectuar el análisis relativo a la determinación de las prácticas desleales de comercio internacional, en particular, se explicó la cobertura del producto investigado, el producto similar, el alcance de la rama de producción nacional que fabrica a la mercancía similar, así como los periodos investigado y analizado, empleados en la determinación del *dumping* o la subvención y para valorar el daño, respectivamente.

La determinación de la existencia de prácticas desleales de comercio internacional se compone de tres elementos fundamentales: 1) la estimación de un margen de *dumping* o subvención, 2) el análisis de daño a la rama de producción nacional y 3) la existencia de un nexo causal entre el dumping y el daño.

Solo cuando se establece una determinación positiva que sustente la existencia de *dumping*, subvención, daño y relación causal, la práctica adquiere el carácter de desleal y, en consecuencia, el ingreso de las importaciones del producto investigado será gravado con el pago de cuotas compensatorias.

En México, se denominan cuotas compensatorias a las medidas que se aplican a las importaciones objeto de prácticas desleales de comercio internacional, independientemente de su modalidad, discriminación de precios o subvenciones. El AAD establece la percepción de *derechos antidumping*, mientras que el ASMC considera la imposición de *derechos compensatorios*.

En términos fiscales, las cuotas compensatorias son consideradas como aprovechamientos, por lo que, a diferencia de los aranceles, no constituyen impuestos al comercio internacional; en consecuencia, las cuotas compensatorias forman parte de los instrumentos denominados *barreras no arancelarias*.

La vigencia de aplicación de las cuotas compensatorias es de cinco años, aunque el margen de *dumping* puede revisarse anualmente a petición de parte. Es oportuno indicar que existen procedimientos *ad hoc*, denominados *Exámenes de vigencia de cuota compensatoria* que prevén el análisis de su posible renovación por cinco años adicionales.

A partir del análisis realizado, considerando los enfoques económico y jurídico, se concluyó que las prácticas de *dumping* y subvención forman parte de las estrategias de maximización de utilidades que emplean las empresas exportadoras y que solo cuando se acredita, en los términos de la legislación correspondiente, que causan daño a la producción nacional de bienes similares en el mercado del país importador, se convierten en prácticas desleales de comercio internacional.

El objetivo fundamental de este trabajo es elaborar una explicación económica de las circunstancias que permiten la realización de las prácticas desleales de comercio internacional. Para ello, se realizó un análisis empírico sobre la información que acredita la existencia de este tipo de prácticas. De esta manera, en primer término, se evaluó la información disponible a nivel mundial sobre las medidas antidumping y antisubvención aplicadas por las naciones Miembros de la OMC.

La información reportada por la OMC indica que las medidas antidumping y antisubvención aplicadas contra las importaciones correspondientes a tres sectores: a) Métales básicos y sus manufacturas, b) Productos químicos y c) Resinas, plásticos y productos de goma, representaron el 67% del total de las medidas aplicadas.

En consecuencia, podemos establecer que, en su mayoría, las prácticas desleales de comercio internacional denunciadas en el mundo corresponden a importaciones de mercancías que cuentan con las características siguientes: son insumos empleados en la elaboración de productos finales, son bienes homogéneos y son *commodities,* puesto que no representan la obtención de sobreganancias internacionales; es decir, se ajustan en buena medida a las mercancías comunes que definimos en el Capítulo I.

Con objeto de abundar en el análisis, se incorporó la información sobre México que publica la Secretaría de Economía, en particular, la relativa a las cuotas compensatorias vigentes por producto; en el caso de México, se observa concentración mayor de las cuotas compensatorias, pues las industrias siderúrgica y química acaparan el 82% de las medidas vigentes al 19 de enero de 2023.

Con base en esta información, podemos confirmar que la mayor parte de las prácticas desleales de comercio internacional corresponden a productos *commodities*, que son genéricos y que, por lo regular, son empleados como insumos para la elaboración de productos finales.

La información de México permite identificar específicamente las mercancías que están siendo importados en condiciones desleales y, de manera adicional, también nos permite conocer el rango de las cuotas compensatorias que está aplicando el gobierno mexicano.

A partir del análisis realizado, se contó con los elementos suficientes para concluir sobre el tipo de producto que regularmente emplea las prácticas desleales de comercio internacional con objeto de aumentar su nivel de competitividad en el mercado internacional.

Asimismo, se procedió a realizar un análisis sobre los factores que afectan, de manera puntual, el desempeño del precio de las mercancías comunes. Entre los aspectos sustantivos de las mercancías comunes, particularmente de los *commodities*, está la identificación y documentación de un precio mundial.

Al respecto, se puede afirmar que el precio de las importaciones de mercancías comunes, importadas bajo condiciones desleales, está afectado por la cotización de su precio en el mercado mundial y, a su vez, este precio es resultado directo de la interacción en el mercado de las fuerzas de la oferta y la demanda mundiales.

Asimismo, la teoría microeconómica señala que la cantidad demandada de un bien X (Cx), está determinada por algunas variables, entre ellas, el precio de los productos sustitutos.

La existencia de excedentes de exportación nos permite establecer que la producción de este tipo de mercancías se lleva a cabo a través de economías de escala y que, en consecuencia, las empresas exportadoras buscan ubicar la oferta exportable en el mercado mundial a través de precios inferiores a su valor normal.

La influencia que ejerce el precio de las mercancías sustitutas, sobre el precio del producto investigado, es un factor pertinente que debería ser valorado en el análisis de causalidad, pues se puede constituir como la causa que origina una reducción generalizada del precio internacional de las mercancías comunes que, a su vez, puede estar afectando el comportamiento del precio del producto similar de fabricación nacional.

Un factor adicional que también influye sobre el precio del producto investigado es el relativo a las condiciones de acceso que ofrece el mercado del país importador; es decir, las tarifas arancelarias pueden resultar fundamentales en la determinación del precio de las importaciones introducidas en condiciones desleales de comercio internacional.

Con base en los resultados obtenidos, se cuenta con elementos objetivos para establecer que la mayor parte de las prácticas desleales castigadas, en México y el mundo, corresponden a mercancías comunes y que la teoría económica cuenta con una explicación particular para este fenómeno.

La explicación se elaboró con base en las teorías y postulados analizados y está de conformidad con las premisas siguientes:

a. Las mercancías comunes se ajustan al supuesto de bienes homogéneos que consideran las teorías clásica y neoclásica de comercio internacional.

b. La discriminación de precios y las subvenciones forman parte de la estrategia de maximización de utilidades que adoptan las empresas exportadoras.

c. La teoría de la renta, en particular, de la renta económica internacional aporta una explicación que nos permite concluir que los productos diferenciados cuentan con la capacidad de generar sobre ganancias a través de la discriminación de precios positiva; por el contrario, las mercancías comunes recurren a la discriminación de precios, compitiendo en los mercados a través de precios menores a su valor normal.

d. El mercado de las mercancías comunes cuenta con un precio mundial que, por lo regular, está identificado y documentado, asimismo, dicho precio se emplea como primera referencia para fijar los precios en los mercados nacionales.

e. Como ocurre en cualquier mercado, en el mercado de las mercancías comunes interactúan variables que determinan la oferta y demanda, por lo que inciden de manera directa sobre el nivel de precios.

A partir de esta amalgama teórica, se cuenta con elementos objetivos para establecer, en términos generales, que los casos excepcionales que justifican la imposición de cuotas compensatorias están relacionados con la introducción de mercancías comunes, a precios inferiores a su valor normal, en el mercado del país importador.

Anexos

ANEXO I

Exportaciones de sorbitol de Francia en el año 2007

Con base en el registro de importaciones de los países que reportan al “United Nations Commodity Trade Statistics Database” (COMTRADE).

Tomado de la Resolución final del procedimiento de examen de vigencia de las cuotas compensatorias impuestas a las importaciones de sorbitol grado USP originarias de la República Francesa, publicada en el DOF del 8 de octubre de 2009.

Destino	Valor (dólares) CIF*	Cantidad (Kgs)	Precio (dólares por kg)	Destino	Valor (dólares) CIF*	Cantidad (Kgs)	Precio (dólares por kg)
Argentina	$2,630,801	2,491,498	$1.06	México	$201,784	118,000	$1.71
Australia	$769,059	1,212,212	$0.63	Paises Bajos	$8,795,576	12,631,008	$0.70
Austria	$1,467,561	1,619,600	$0.91	Nva Caledonia	$71	5	$14.20
Bélgica	$6,101,922	8,248,131	$0.74	Nueva Zelanda	$74,499	56,326	$1.32
Brasil	$3,414,466	3,362,650	$1.02	Nicaragua	$31,922	42,115	$0.76
Bulgaria	$798,103	478,735	$1.67	Noruega	$1,449,216	695,678	$2.08
Bielorrusia	$300	160	$1.88	Pakistán	$133,536	163,621	$0.82
Canadá	$121,522	45,024	$2.70	Panamá	$51,910	88,000	$0.59
China	$644,259	549,904	$1.17	Paraguay	$37,048	64,550	$0.57
Colombia	$864,569	1,300,455	$0.66	Perú	$4,089	2,500	$1.64
Croacia	$192,414	118,402	$1.63	Polonia	$27,094,541	17,691,163	$1.53
Rep. Checa	$935,990	997,851	$0.94	Portugal	$138,901	64,700	$2.15
Dinamarca	$7,010,054	6,822,308	$1.03	Rumania	$250,771	152,300	$1.65
Ecuador	$26,510	44,000	$0.60	Rusia	$22,439,863	15,611,670	$1.44
El Salvador	$265,113	442,750	$0.60	Arabia Saudita	$2,336,901	4,605,640	$0.51
Finlandia	$786,560	843,844	$0.93	Senegal	$1,898	890	$2.13

Exportaciones de sorbitol de Francia en el año 2007 (continuación)

Destino	Valor (dólares) CIF*	Cantidad (Kgs)	Precio (dólares por kg)	Destino	Valor (dólares) CIF*	Cantidad (Kgs)	Precio (dólares por kg)
Francia	$253,917	195,700	$1.30	Serbia	$114,085	51,050	$2.23
Alemania	$25,891,000	40,993,200	$0.63	Singapur	$99,531	213,950	$0.47
Grecia	$573,315	431,300	$1.33	Eslovaquia	$713,515	457,058	$1.56
Guatemala	$2,152,324	3,614,531	$0.60	Eslovenia	$96,559	71,218	$1.36
Honduras	$101,420	181,440	$0.56	Sudáfrica	$439,052	637,505	$0.69
Hong Kong	$166	22	$7.55	Suecia	$559,244	383,790	$1.46
Islandia	$2,776	2,200	$1.26	Suiza	$3,177,285	2,382,787	$1.33
Irlanda	$753,311	468,370	$1.61	Tailandia	$1,123,858	1,971,905	$0.57
Israel	$453,000	555,060	$0.82	Túnez	$321,412	294,692	$1.09
Italia	$6,918,906	5,458,444	$1.27	Turquía	$6,514,685	5,099,123	$1.28
Japón	$208,949	232,000	$0.90	Macedonia	$2,000	1,620	$1.23
Jordania	$435,992	762,975	$0.57	Reino Unido	$13,787,343	12,313,763	$1.12
Corea del Sur	$70,155	32,882	$2.13	EUA	$2,088,651	1,554,788	$1.34
Malasia	$110,133	112,900	$0.98	Uruguay	$33,181	40,100	$0.83
Mauricio	$136,225	176,000	$0.77	Yemen	$13,169	23,020	$0.57

* CIF: Incluye costo de seguro y flete a puerto de destino.
Fuente: Información presentada por CPI.
http://comtrade.un.org/db/help/ureadMefirst.aspx?returnPath=%2fdb%2fdqBasicQuery.

ANEXO II

Países Miembros de la OMC

#	País	#	País	#	País
1	Afganistan	31	Chipre	61	Guinea
2	Albania	32	Colombia	62	Guinea-Bissau
3	Alemania	33	Congo	63	Guyana
4	Angola	34	Corea	64	Haití
5	Antigua y Barbuda	35	Costa Rica	65	Honduras
6	Arabia Saudita	36	Costa de Marfil	66	Hong Kong
7	Argentina	37	Croacia	67	Hungría
8	Armenia	38	Cuba	68	India
9	Australia	39	Dinamarca	69	Indonesia
10	Austria	40	Djibouti	70	Irlanda
11	Bahrein	41	Dominica	71	Islandia
12	Bangladesh	42	Ecuador	72	Islas Salomón
13	Barbados	43	Egipto	73	Israel
14	Bélgica	44	El Salvador	74	Italia
15	Belice	45	Emiratos Árabes Unidos	75	Jamaica
16	Benin	46	Eslovenia	76	Japón
17	Bolivia	47	España	77	Jordania
18	Botswana	48	Estados Unidos de América	78	Kazajstán
19	Brasil	49	Estonia	79	Kenya
20	Brunei	50	Fiji	80	Kuwait
21	Bulgaria	51	Filipinas	81	Lesotho
22	Burkina Faso	52	Finlandia	82	Letonia
23	Burundi	53	Francia	83	Liberia
24	Cabo Verde	54	Gabón	84	Liechtenstein
25	Camboya	55	Gambia	85	Lituania
26	Camerún	56	Georgia	86	Luxemburgo
27	Canadá	57	Ghana	87	Macao
28	Chad	58	Granada	88	Macedonia
29	Chile	59	Grecia	89	Madagascar
30	China	60	Guatemala	90	Malasia

Países Miembros de la OMC (continuación)

#	País	#	País	#	País
91	Malawi	116	Paraguay	141	Sudáfrica
92	Malvidas	117	Perú	142	Suecia
93	Malí	118	Polonia	143	Suiza
94	Malta	119	Portugal	144	Suriname
95	Marruecos	120	Qatar	145	Swazilandia
96	Mauricio	121	Reino Unido	146	Tailandia
97	Mauritania	122	República Centroafricana	147	Taipei Chino
98	México	123	República Checa	148	Tanzanía
99	Moldova	124	República Democrática del Congo	149	Tayikistán
100	Mongolia	125	República Democrática Popular Lao	150	Togo
101	Montenegro	126	República Dominicana	151	Tonga
102	Mozambique	127	República Eslovaca	152	Trinidad y Tabago
103	Myanmar	128	República Kirguisa	153	Túnez
104	Namibia	129	Rumania	154	Turquía
105	Nepal	130	Rusia	155	Ucrania
106	Nicaragua	131	Rwanda	156	Uganda
107	Niger	132	Saint Kitts y Nevis	157	Unión Europea
108	Nigeria	133	Samoa	158	Uruguay
109	Noruega	134	San Vicente y las Granadinas	159	Vanuatu
110	Nueva Zelandia	135	Santa Lucia	160	Venezuela
111	Omán	136	Senegal	161	Viet Nam
112	Países Bajos	137	Seychelles	162	Yemen
113	Pakistán	138	Sierra Leona	163	Zambia
114	Panamá	139	Singapur	164	Zimbabwe
115	Papua Nueva Guinea	140	Sri Lanka		

Fuente: https://www.wto.org/spanish/thewto_s/whatis_s/tif_s/org6_s.htm

Países observadores

#	País	#	País	#	País
1	Andorra	10	Etiopía	19	Serbia
2	Argelia	11	Guinea Ecuatorial	20	Somalia
3	Azerbaiyán	12	Irán	21	Sudán
4	Bahamas	13	Iraq	22	Sudán del Sur
5	Belarús	14	Libia	23	Timor-Leste
6	Bhután	15	República Árabe Siria	24	Turkmenistán
7	Bosnia y Herzegovina	16	República Libanesa	25	Uzbekistán
8	Comoras	17	Santa Sede		
9	Curazao	18	San Tomé y Príncipe		

Fuente: https://www.wto.org/spanish/thewto_s/whatis_s/tif_s/org6_s.htm

ANEXO III

Cuotas compensatorias vigentes

Sector	No. de cuotas	Producto	País
Industrias metálicas básicas y sus manufacturas	54	Aceros planos recubiertos	China, Taiwán y Vietnam
		Alambrón de acero	China y Ucrania
		Artículos para cocinar de aluminio	China
		Bobinas de papel aluminio	China
		Cables de acero	China
		Cadenas de acero	China
		Conexiones de acero	China
		Discos de aluminio	China
		Ferromanganeso	China e India
		Ferrosilicomanganeso	India y Ucrania
		Fregaderos de acero inoxidable	China
		Lámina rolada en caliente	Rusia y Ucrania
		Lámina rolada en frio	China, Kazajstán, Rusia y Vietnam
		Malla de acero galvanizada cuadrada	China
		Microalambre para soldar	China
		Ollas de presión de aluminio	China
		Placa de acero en hoja	Italia, Japón, Rumania, Rusia y Ucrania
		Placa de acero en rollo	Rusia
		Productos de presfuerzo	China, España y Portugal
		Productos planos de acero inoxidable	China y Taiwán
		Rollos de acero laminados en caliente	Alemania, China y Francia
		Tubería de acero con costura longitudinal	China
		Tubería de acero con costura (de 16 a 48")	EUA
		Tubería de acero con costura (mayor a 16")	EUA e India
		Tubería de acero sin costura (de 2 a 4")	China
		Tubería de acero sin costura (de 2 a 16")	Corea, España, India y Ucrania
		Tubería de acero sin costura (de 5 a 16")	China
		Tubería de acero sin costura	Japón
		Varilla corrugada	Brasil
		Vigas de acero tipo I y tipo H	Alemania, España y Reino Unido

Cuotas compensatorias vigentes (continuación)

Sector	No. De cuotas	Producto	País
Químicos, derivados del petróleo, productos del caucho y plástico	12	Amoxicilina Trihidratada*	India
		Ftalato de dioctilo	Corea y EUA
		Hule polibutadieno estireno en emulsión	EUA, Corea y Japón
		Metropolol Tartrato**	India
		PVC rígido	China
		Sosa cáustica líquida	EUA
		Sulfato de amonio	EUA y China
		Trietanolamina	EUA
Otras industrias manufactureras	6	Atomizadores	China
		Cierres de metal	China
		Globos de plástico metalizado	China
		Lápices	China
		Recubrimientos cerámicos	China
		Vajillas	China
Productos metálicos, maquinaria y equipo	2	Gatos hidráulicos tipo botella	China
		Torres de viento	China
Agropecuario, silvicultura y pesca	3	Aceite epoxidado de soya	Argentina y EUA
		Pierna y muslo de pollo	EUA
Textiles, prendas de vestir e industrias del cuero	3	Poliéster fibra corta	China
		Poliéster filamento textil texturizado	China e India
Productos obtenidos a base de fibras	1	Papel bond	Brasil
Alimentos, bebidas y tabaco	1	Hongos	China
Transporte	1	Bicicletas para niños	China
Total	**83**		

* Antidumping y Antisubvención

** Antisubvención

Fuente: https://www.gob.mx/cms/uploads/attachment/file/868923/Estadisticas_de_la_UPCI.pdf

ANEXO IV

Clasificación sectorial de la OMC

Sección	Designación
I	Animales vivos y productos del reino animal
II	Productos del reino vegetal
III	Grasas y aceites animales o vegetales; productos de su desdoblamiento; grasas alimenticias elaboradas; ceras de origen animal o vegetal
IV	Productos de las industrias alimentarias; bebidas, líquidos alcohólicos y vinagre; tabaco y sucedaneos del tabaco elaborados
V	Productos minerales
VI	Productos de las industrias químicas o de las industrias conexas
VII	Plástico y sus manufacturas; caucho y sus manufacturas
VIII	Pieles, cueros, peletería y manufactiras de estas materias; articulos de talabartería o guarnicionería; articulos de viaje, bolsos de mano (carteras) y similares
IX	Madera, carbón vegetal y manufacturas de madera; corcho y sus manufacturas; manufacturas de espartería o cestería
X	Pasta de madera o de las demás materias fibrosas celulósicas; papel o cartón para reciclar (desperdicios y desechos); papel o cartón y sus aplicaciones
XI	Materias textiles y sus manufacturas
XII	Calzado, sombreros y demás tocados, paraguas, quitasoles, bastones, látigos, fustas y sus partes; plumas preparadas y artículos de plumas
XIII	Manufacturas de piedra, yeso fraguable, cemento, amiato (asbesto), mica o materias análogas; productos cerámicos; vidrio y manufacturas de vidrio
XIV	Perlas finas (naturales) o cultivadas, piedras preciosas o semipreciosas, metales preciosos, chapados de metal precioso (plaqué) y manufacturas de estas materias; bisutería; monedas
XV	Metales comunes y manufacturas de esos metales
XVI	Máquinas y aparatos, material eléctrico y sus partes; aparatos de grabación o reproducción de sonido, aparatos de grabación o reproducción de imagen y sonido en televisión
XVII	Material de transporte
XVIII	Instrumentos y aparatos de óptica, fotografía o cinematografía, de medida, control o precisión; instrumentos y aparatos médicoquirúrgicos; aparatos de relojería
XIX	Armas, municiones, y sus partes y accesorios
XX	Mercancías y productos diversos

Fuente: www.wto.org

ANEXO V

Tratados de Libre Comercio firmados por México

Tratado	Países
Tratado de Libre Comercio de América del Norte	EUA
	Canadá
TLC con Colombia	Colombia
TLC con Chile	Chile
TLC con Israel	Israel
TLC con Unión Europea	Alemania
	Austria
	Bélgica
	Bulgaria
	Chipre
	Dinamarca
	República Eslovaca
	Eslovenia
	España
	Estonia
	Finlandia
	Francia
	Grecia
	Hungría
	Irlanda
	Italia
	Letonia
	Lituania
	Luxemburgo
	Malta
	Países Bajos
	Polonia
	Portugal
	Reino Unido
	República Checa
	Rumanía
	Suecia

Tratados de Libre Comercio firmados por México (continuación)

Tratado	**Países**
TLC con Asociación Europea de Libre Comercio	Suiza
	Islandia
	Noruega
	Liechtenstein
TLC con Uruguay	Uruguay
TLC con Japón	Japón
TLC con Perú	Perú
TLC con Centroamérica	Guatemala
	El Salvador
	Honduras
	Nicaragua
	Costa Rica
TLC con Panamá	Panamá
Tratado Integral y Progresista de Asociación Transpacífico	Canadá Perú Chile Japón Australia Nueva Zelanda Singapure Malasia Vietnam Brunei Darussalam

Fuente: Secretaría de Economía

Bibliografía

Libros y artículos

Appleyard, D. (2003). *Economía internacional.* Bogotá: McGraw Hill.

Aristóteles. (1988). *Política.* Madrid: Editorial Gredos.

Bajo, O. (2009). *Teorías del comercio internacional.* Barcelona: Antoni Bosch.

Barajas, J. (1993). *Microeconomía intuitiva.* Trillas: México.

Buckley, P. (1993). *The internationalization of the firm.* London: Academic Press.

Cantillon, R. (1996). *Ensayo sobre la naturaleza del comercio en general.* México: FCE.

Cimoli, Mario. (2013). Tecnología, heterogeneidad y crecimiento. En serie Desarrollo Productivo No. 194. Chile: CEPAL.

Cimoli, Mario. (2015). Cambio estructural y crecimiento. En serie Desarrollo Productivo No. 197. Chile: CEPAL.

Dabat, A., Rivera Ríos, M. A., & Sztulwark, S. (2009). Rentas económicas en el marco de la globalización: desarrollo y aprendizaje. Problemas del Desarrollo. Revista Latinoamericana de Economía, 38(151). https://doi.org/10.22201/iiec.20078951e.2007.151.7696

Ekelund, R. (2005). *Historia de la teoría económica y de su método.* México: McGraw Hill.

García Moreno, R. (2011). Explicación teórica del proceso de apertura comercial de la economía mexicana. Economía Informa, 369, julio – agosto de 2011.

Garrido, C. (2005). *El camino latinoamericano hacia la competitividad.* México: Siglo XXI.

Gereffi, G. (2014). Global value chains in a post-Washington Consensus world. Review of International Political Economy, Vol. 21, No. 1, 9–37, http://dx.doi.org/10.1080/09692290.2012.756414

Gurrieri, A. (1982). *La obra de Prebisch en la CEPAL.* México: FCE.

Heckscher, E. (1991). *Heckscher–Ohlin trade theory.* Boston: MIT.

Heckscher, E. (1943). *La época mercantilista: historia de la organización y las ideas económicas desde el final de la Edad Media hasta la sociedad liberal.* México: FCE.

Hume, D. (1987). *Ensayos Políticos.* Madrid: Tecnos.

Jenofonte. (1993). *Económico.* Madrid: Editorial Gredos.

Katz, J. (2016). Adiós al viento de cola: se abre un nuevo ciclo de ajuste estructural. En serie Desarrollo Productivo No. 202. Chile: CEPAL.

Koutsoyiannis, A. (2002). *Microeconomía moderna.* Buenos Aires: Amorrortu Editores.

Krugman, P. (2016). *Economía internacional.* Madrid: Pearson.

Krugman, P. (2006). *Economía internacional.* Madrid: Pearson.

Markusen, J. (2011). *International Trade, theory and evidence.* Boulder: University of Colorado.

Martínez, L. (2012). *La política del comercio exterior. Regulación e Impacto.* México: ITAM.

Meek, R. (1975). *La fisiocracia.* Barcelona: Ariel.

Ohlin, B. (1971). *Comercio interregional e internacional.* Madrid: Oikos-Tau.

Oropeza, A. (2019). *Del Atlántico al Pacífico. Hacia un nuevo orden global.* México: UNAM.

Platón. (1988). *República.* Madrid: Editorial Gredos.

Prebisch, R. (1991). *Obras 1919–1948.* Argentina: Fundación Raúl Prebisch.

Ricardo, D. (1973). *Principios de economía política y tributación.* México: FCE.

Rodríguez, O. (2006). *El estructuralismo latinoamericano.* México: Siglo XXI.

SECOFI. (2000). *Instrumentos jurídicos fundamentales.* México: SECOFI.

SECRETARÍA DE ECONOMÍA. *Desarrollo económico con estabilidad y responsabilidad.* México. Secretaría de Economía, 2005.

SECRETARÍA DE ECONOMÍA. *Anuario Estadístico de la Unidad de Prácticas Comerciales Internacionales 2017.* México, Secretaría de Economía, 2017.

Smith, A. (1982). *Investigación sobre la naturaleza y causas de la riqueza de las naciones.* México: FCE.

Sunkel, O. (1991). *El desarrollo desde adentro.* México: FCE.

Varian, H. (1992). *Análisis microeconómico.* Barcelona: Antoni Bosch Editor.

Valenzuela, J. (2008). El crecimiento económico: concepto, determinantes inmediatos y evidencia empírica. En Aportes, Revista de la

Facultad de Economía, BUAP, Año XIII, Números 38-39, mayo-diciembre de 2008.

Vernon, R. (1966). International Investment and International Trade in the Product Cycle, The Quarterly Journal of Economics, Volume 80, Issue 2, May 1966, Pages 190–207, https://doi.org/10.2307/1880689

Weber, M. (1974). *Historia económica general*. México: FCE.

Witker, J. (2011). *Derecho del comercio exterior*. México: UNAM.

Witker, J. (2002). *Del GATT a la OMC. Régimen Jurídico del Comercio Exterior*. México: UNAM.

Electrónicas

Organización Mundial del Comercio [en línea], <https://www.wto.org/spanish/docs_s/legal_s/legal_s.htm#GATT94>, [consulta: 21 de septiembre, 2018].

Organización Mundial del Comercio [en línea], <https://www.wto.org/spanish/thewto_s/whatis_s/whatis_s.htm>, [consulta: 21 de septiembre, 2018].

Organización Mundial del Comercio [en línea], <https://www.wto.org/spanish/tratop_s/adp_s/adp_s.htm>, [consulta: 21 de septiembre, 2018].

Secretaría de Economía [en línea],

<https://www.gob.mx/cms/uploads/attachment/file/388366/Estadisticas_UPCI_110918.pdf> [consulta: 21 de septiembre, 2018].

Leyes y acuerdos

Acuerdo relativo a la aplicación del Artículo VI del GATT de 1994.

Constitución Política de los Estados Unidos Mexicanos.

Ley de Comercio Exterior.

Reglamento de la Ley de Comercio Exterior.

Diarios Oficiales de la Federación

DOF del 20 de octubre de 1994. Resolución final de la investigación antidumping sobre las importaciones de harina de pescado, mercancía comprendida en la fracción arancelaria

2301.20.01 de la Tarifa de la Ley del Impuesto General de Importación, originaria y procedente de la República de Chile.

DOF del 23 de enero de 1998. Resolución final de la investigación antidumping sobre las importaciones de jarabe de maíz de alta fructosa, mercancía clasificada en las fracciones arancelarias 1702.40.99 y 1702.60.01 de la Tarifa de la Ley del Impuesto General de Importación, originarias de los Estados Unidos de América, independientemente del país de procedencia.

DOF del 17 de mayo de 2005. Resolución final de la investigación antidumping sobre las importaciones de papel prensa con peso entre 47.8-49.8g/m^2, comúnmente conocido como papel prensa con peso base de 48.8g/m^2, mercancía actualmente clasificada en la fracción arancelaria 4801.00.01 de la Tarifa de la Ley de los Impuestos Generales de Importación y de Exportación, originarias de los Estados Unidos de América y de Canadá, independientemente del país de procedencia.

DOF del 8 de octubre de 2009. Resolución final del procedimiento de examen de vigencia de las cuotas compensatorias impuestas a las importaciones de sorbitol grado USP originarias de la República Francesa, independientemente del país de procedencia. Esta mercancía se clasifica en la fracción arancelaria 2905.44.01 de la Tarifa de la Ley de los Impuestos Generales de Importación y de Exportación.

DOF del 8 de febrero de 2010. Resolución final del examen de vigencia de la cuota compensatoria impuesta a las importaciones de ferromanganeso alto carbón originarias de la República Popular China, independientemente del país de procedencia. Esta mercancía se clasifica en la fracción arancelaria 7202.11.01 de la Tarifa de la Ley de los Impuestos Generales de Importación y de Exportación.

DOF del 17 de agosto de 2012. Resolución final de la investigación antisubvención sobre las importaciones de dicloxacilina sódica originarias de la República de la India, independientemente del país de procedencia. Esta mercancía ingresa por la fracción arancelaria 2941.10.08 de la Tarifa de la Ley de los Impuestos Generales de Importación y de Exportación.

DOF del 27 de noviembre 2012. Resolución final de la investigación antidumping y antisubvención sobre las importaciones de amoxicilina trihidratada originarias de la República de la India, independientemente del país de procedencia. Esta mercancía ingresa por la fracción arancelaria 2941.10.12 de la Tarifa de la Ley de los Impuestos Generales de Importación y de Exportación.

DOF del 11 de marzo de 2013. Resolución final de la investigación antidumping sobre las importaciones de papel bond cortado, originarias de la República Federativa de Brasil, independientemente del país de procedencia. Esta mercancía ingresa por las fracciones arancelarias 4802.56.01 y 4823.90.99 de la Tarifa de la Ley de los Impuestos Generales de Importación y de Exportación.

DOF del 25 de julio de 2014. Resolución final de la investigación antisubvención sobre las importaciones de metoprolol tartrato, originarias de la República de la India, independientemente del país de procedencia. Esta mercancía ingresa por la fracción arancelaria 2922.19.28 de la Tarifa de la Ley de los Impuestos Generales de Importación y de Exportación.

DOF del 24 de octubre de 2016. Resolución final de la investigación antidumping sobre las importaciones de recubrimientos cerámicos para muros y pisos originarias de la República Popular China, independientemente del país de procedencia, y por la que se acepta un compromiso en materia de precios.

DOF del 5 de junio de 2017. Resolución final de la investigación antidumping sobre las importaciones de aceros planos recubiertos, originarias de la República Popular China y el Taipéi Chino, independientemente del país de procedencia.

DOF del 14 de marzo de 2022. Resolución por la que se acepta la solicitud de parte interesada y se declara el inicio del procedimiento administrativo de investigación antidumping sobre las importaciones de ferromanganeso alto carbón originarias de la República de la India, independientemente del país de procedencia.

DOF del 27 de enero de 2022. Resolución final del procedimiento administrativo de investigación antidumping sobre las importaciones de trietanolamina originarias de los Estados Unidos de América, independientemente del país de procedencia

DOF del 1 de septiembre de 2022. Resolución preliminar del procedimiento administrativo de investigación antidumping sobre las importaciones de ferromanganeso alto carbón originarias de la República de la India, independientemente del país de procedencia.